헛지 같에
나 혼자 있는 시간

정희선 세 번째 수필집

천지간에 나 혼자 있는 시간

인 쇄 2024년 8월 16일
발 행 2024년 8월 20일

지은이 정희선
발행인 서정환
펴낸곳 수필과비평사
주 소 서울특별시 종로구 삼일대로32길 36(운현신화타워) 305호
전 화 (02) 3675-3885 (063) 275-4000 · 0484
팩 스 (063) 274-3131
이메일 essay321@hanmail.net   sina321@hanmail.net
출판등록 제300-2013-133호
인쇄 · 제본 신아문예사

저작권자 ⓒ 2024, 정희선
이 책의 저작권은 저자에게 있습니다. 서면에 의한 저자의 허락 없이
내용의 일부를 인용하거나 발췌하는 것을 금합니다.
COPYRIGHT ⓒ 2024, by Jeong Huiseon
All right reserved including the rights of reproduction in whole
or in part in any form.
저자와 협의, 인지는 생략합니다.
잘못된 책은 바꿔 드립니다.

ISBN 979-11-5933-541-9 (03810)

값 13,000원

Printed in KOREA

정희선 세 번째 수필집

첫지갑에 나홀로 읽는 시간

수필과비평사

세 번째 수필집을 내면서

삼성서울병원에서 항암치료를 받고 내려오는 수서발 부산행 열차 안이다. 올 2월, 간으로 전이된 이후부터는 일주일에 한 번씩 항암치료를 하니 심신이 지친다. 차차로 회복되는가 싶으면 또 항암을 맞아야 하니 피로는 누적된다.

부산에서 서울까지 새벽 첫차로 가려면 새벽 세 시경엔 일어나야 한다. 동행하는 남편은 열차에서도 잘만 잔다. 달리 나는 눈 한 번 붙이지 못하고 초저녁에 집에 당도하면 그대로 파김치가 된다.

아픈 몸으로 열차에서 하나의 위안이 있다면, 반쯤 열린 창밖으로 시골 풍광을 감상하는 일이다. 논마다 이제 착근했을까 싶은 어린 모가 제법 파랗게 논배미를 물들였다. 거센 장맛비가 내리기 전에 어서어서 자라거라. 마음으로 응원을 보내고 다음 풍경으로 눈 돌리려는 순간, 뒷좌석에 앉은 이가 햇빛 가리개로 창문을 싹 가린다. 앞 좌석에 세상 행복을 누리는 이가 있는 줄도 모른 채.

창문을 가린 덕에 새벽에 못 잔 잠이나 자 볼까. 눈을 감아도 천만 가지 생각에 잠은커녕 머릿속은 더 말똥해진다. 췌장암 수술 후 십여 개월간 컴퓨터 앞에 종종 앉는 나를 보고 "책 한 권 분량이 됐으면 책을 내지?" 하던 남편 말이 귓전에 들린다.

휴식 기간도 잠시, 다시 항암치료가 시작된 후로는 컴퓨터와도 멀어졌다. 책을 더 내서 뭐 하겠나 하고, 책 내기도 포기 상태였다. 그런데 생각을 아무리 공글려봐도 써 놓은 글이 책 한 권 분량이니 자꾸 되돌아 보인다. 이대로 북망산을 간다고 하더라도, 단단히 묶지 않은 글에 미련이 남을 것 같다.

그래, 갈 때 가더라도 내 분신일랑 낳고 가자. 그게 내 글에 대한 도리이고 예의이려니. 일을 접으면 '절차탁마'해 멋진 작품을 쓰리라고 벼른 강다짐도 다 헛된 꿈이 되었다.

이번에 내는 책을 합해 수필집 3권, 시집 1권, 내 이름으로 된 책을 네 권이나 냈으니 스스로 대견하다. 평생 고생해서 번 재산도 이참에 가족에게 증여했다. 이제 정말 빈털터리인 줄 알았다. 한데, 가족도 탐내지 않는 내 분신들이 오롯이 내 영적 재산으로 남았지 뭔가.

화장火葬할 때 같이 태워 달라고, 미리 준비해 둔 수의에 내 책(수필집 『국향과 어머니』, 『국제시장』, 『천지간에 나 혼자 있는 시간』, 시집 『몽돌』)과 돋보기안경까지 넣어 큰딸에게 맡겼다. 만일 저세상이 있다면, 심심할 때 보고 또 볼 수 있게.

맘먹은 김에 미루지 말자며 출판을 서둘렀다. 문장이 고르지 않더라도 6개월 시한부 선고를 받은 암 환자이니 양해해 주기를 바라면서 두루 인사를 대신한다.

2024년 8월
영도에서 **정희선**

| 차례 |

세 번째 수필집을 내면서·4

**1부
해무**海霧

일흔셋 언저리에서 · 15

내 책이 매스컴 타고 · 21

눈 닿는 곳곳에 돋보기를 · 27

늘 오늘이 마지막인 것처럼 · 31

산문으로 쓰는 독후감 · 37

천지간에 나 혼자 있는 시간 · 47

인생에 선물 같은 날 · 54

해무海霧에 에워싸여 · 58

**2부
윤이월**

췌장암 3기란다 · 65

간병인 · 73

계묘년 윤이월에 · 80

남편이 내 머리카락을 빡빡 밀다 · 85

병원에서 정신 줄 놓고 · 89

서울 빅5대 병원으로 갈 수밖에 없는 이유 · 95

心을 낳고 · 104

한 발은 지상에 두세 발은 허공에 · 110

**3부
빈털터리**

별별 생각 · 117

강남 중심이 물바다 될 줄이야 · 126

결국 그놈이 · 133

빈털터리가 된 날 · 139

삼도三道 오사五寺 순례 · 145

오토바이로 출퇴근하는 부부 · 153

추위에 길고양이들은 어떡하지 · 160

4부
장마

날마다 맥문동을 바라보며 · 171

가마솥더위 · 176

감 따러 가자 · 180

계묘년도 저물고 · 189

물난리는 진행 중 · 192

새해 덕담 · 197

생일에 활짝 핀 영산홍 · 201

하필 장마 시작되고 · 208

글, 글쓰기 · 216

국제신문 / 박현주의 그곳에서 만난 책 · 222
– 박현주(책 칼럼니스트)

국제시장 덕성사에서

오토바이를 타고 출퇴근할 때

큰딸 서울대 졸업식(1999년 2월 26일)

수필집 『국향과 어머니』 발간(2015년)

《현대문학사조》 수필 최우수상 수상(2019년 10월)

1부

일흔셋 언저리에서 / 내 책이 매스컴 타고
눈 닿는 곳곳에 돋보기를 / 늘 오늘이 마지막인 것처럼
산문으로 쓰는 독후감 / 천지간에 나 혼자 있는 시간
인생에 선물 같은 날 / 해무海霧에 에워싸여

비가 쏟아지는 숲속 오솔길엔 사람이라곤 보이지 않는다. 만물이 동시에 내뿜는 기막힌 향기 속에서 천지간에 나 혼자 있는 시간. 우산에 오롯이 의지한 채 걷는 고즈넉한 산길에서 옷은 젖고 마음은 하염없다. '구름 깊은 곳에 들어서면 역시 옷이 젖는다.'라는 한시 구절이 떠오르는 나만의 세상에 있다.

일흔셋 언저리에서

 예전 출근할 때보다 30분 늦게 일어난다. 아침밥을 먹고 바다를 바라보며 설거지를 끝내고, 습관처럼 앞 베란다로 향한다. 꽃에 물을 주거나 풀을 뽑고 장독과 베란다 청소를 번갈아 한다. 몇 년 전, 추운 겨울에 키 큰 꽃나무가 다섯 개나 얼어 죽었다. 남편이 담배 연기를 내보내려고 베란다 창문을 중간중간 열어 두고 닫지 않은 때문이다.

그래도 남은 화분이 40여 개다. 해가 잘 드는 앞쪽 널찍한 베란다엔 화단이 3분의 2쯤 차지하고 나머지는 장독간이다. 꽃이 피지 않아도 초록의 푸르른 잎만 바라봐도 눈에 푸른 물이 들 정도다. 관음죽이나 철골소심 양란 등, 사철 푸른 잎으로 눈과 정신을 정화해 주는 식물들, 내겐 반려초라고 해도 지나치지 않다. 하루이틀 눈 맞춘 게 아니고, 마음을 듬뿍 내준 것들이다. 이들에 일주일에서 열흘 간격으로 물을 준다. 꽃나무에 따라 3~4일에 한 번 목을 축여 주기도 한다.

지난해에 장독도 처분했다. 큰 장독 일곱 개는 가덕도 혜덕사에 실어다 주었다. 그 절엔 모과나무가 백여 그루나 있다. 매년 모과 원액을 내어 시원한 차로 신도들에게 대접하기에 장독이 쓸모가 있을 것 같아서다. 우리 농장에도 매실이 많아서 효소를 담으려고 사 둔 장독을, 농장을 처분하며 필요 없게 된 새 장독까지 남편이 다 싣고 갔다.

절반으로 수가 줄어든 장독에는 밑반찬이 담겨 있다. 묵은 간장, 지난해 담은 새 간장, 된장, 고추장, 오래된 매실 원액과 삼년 전의 것이라고 딱지가 붙은 매실 원액, 시동생 농장에서 가져와 담아 둔 아로니아 원액, 천일염이 담겼다. 지난해 담근 된

장과 고추장은 언니와 동생 딸과 지인에게 넉넉히 주어서 남은 게 별로 많지 않다. 올 11월에는 좀 더 많은 양을 담가야겠다. 고추장은 만든 즉시 먹기도 하지만 일 년 숙성된 게 가장 맛있다. 남편이 좋아하는 마늘장아찌는 8kg이나 만들어 큰 유리병에 담아서 바람이 잘 나드는 부엌 찬장에 두었다. 내가 앞으로 어찌 될지도 모르겠기에 미리 준비했다는 게 맞겠다.

뒤쪽 베란다엔 바다 경치가 넓게 펼쳐진다. 이 자리를 차 마시는 공간으로 꾸며놓은 집도 있다. 이 년 전만 해도 남편이 바다를 보며 담배 피우던 장소인데 요즘은 빨래 너는 장소로만 쓴다. 건 마늘과 양파, 마른미역 따위도 그물망에 싸서 걸어 둔다. 어쩌다 부산항 쪽에서 불꽃놀이라도 하면 뒤쪽 베란다로 나가서 잠깐 구경하는 곳. 서울 사는 외손자들이 어렸을 때 망원경으로 바다에 뜬 배를 관찰하며 신기해하던 전망 좋은 곳이다.

오전 열 시쯤 되면, 자기 방에서 컴퓨터나 전화기만 갖고 놀던 남편이 걷기 운동 나가자고 서둔다. 신문을 뒤적이거나 컴퓨터 앞에서 글을 찍다가도 얼른 일어나 창문을 중간중간 열어 집 환기를 해놓고 급히 따라나선다. 700가구가 안 되는 우리 아파트 산책길은 나무와 꽃으로 잘 조성됐다. 걷는 이들에게 사계절 눈 호강을 시킨다. 집에 있는 나이 든 어른들은 햇볕이 좋은 시간에, 직장인들은 새벽 시간대나 저녁 시간에 아파트 산책로를 뺑뺑 돈다. 빠른 걸음으로 여섯 바퀴쯤 돌면 하루 운동량은 채운다. 그제는 환상적인 영도 흰여울산책길을, 어제는 봉래산둘레길을 한 시간 넘게 걷고 왔다.

놀이터에 비치된 운동기구에도 여름 한낮에만 조용할 뿐, 사람들이 곳곳에 매달려 운동한다. 고층인 우리 집에서 내려다보면 꼭 나무에 매미 한 마리씩 붙어서 노는 듯하다. 나도 걷기가 끝나면 저들처럼 매미가 된다. 자전거 바퀴도 돌리고 몇 가지 근력운동도 한다.

점심을 먹고 나면 앞 베란다 쪽에 앉는다. 볕바라기를 하면서 책을 보거나 꽃나무에 멍때리고 있으면, 오후 운동 나가자고 남편이 나를 일으킨다. 청소와 빨래를 떠맡은 남편 일과가 하나 더 늘어난 건 나를 운동시키는 일이다. 보디가드가 응당히 해야 할 일이란 듯, 나를 앞세우고서야 운동을 나간다. 반찬이 마땅찮을 때는 마트나 시장으로 발길을 옮긴다. 동네 시장을 지나쳐 큰길 하나 더 건너면 60년 전통의 남항시장이다. 시장은 언제나 활기차고 움츠렸던 생기도 솟는다. 지나가기만 해도 구경하는 재미가 쏠쏠하다. 온갖 구경거리에 눈요기하기가 바쁘다. 그러다가 걸음 빠른 남편을 놓치기 일쑤다.

언제부터인가는 남편이 시장 수레를 끌고 내 뒤를 강아지가 주인 따르듯 졸졸 따라온다. 영도 섬이라 싱싱한 생선들이 자갈치시장 못지 않다. 자갈치시장과 국제시장도 도보로 왕복 한 시간 거리. 공기도 시원하여 맑으려니와, 집 부근에는 큰 마트도 두 곳 있어 장보기도 수월하다. 영도구를 쉬 떠나지 못하는 이유다.

췌장암을 수술한 후, 다니는 삼성서울병원과 가깝고 딸네 집도 가까운 서울 근교로 이사해 볼까 했다. 병원에 갈 때마다 경기도 광주, 양평, 여주 쪽으로 대충 훑어보았다. 넓은 아파트를 팔아 좀 좁더라도 공기 좋고 풍광 좋은, 입에 맞는 곳을 찾으려 했으나 그냥 구경만으로 끝냈다. 돈만 많으면야 얼마든지 구할 수도 있다. 돈을 집 사는데 몽땅 쏟아부었다가 내가 예상외로 빨리 먼 곳으로 떠나면, 남편은 타관보다는 형제와 친구가 많은 부산으로 도로 내려올 게 뻔하다. 병원에 갈 때 부산에서 열차로 2시간 30분 걸려 올라가나, 경기도 인근에서 2시간 걸려

가나 거기서 거기일 것 같아 맘을 접었다.

  원래 계획으로는 하던 일을 일흔쯤에나 접으려고 했다. 집 뒤로는 야트막한 야산이 있고 앞으로는 강이 흐르는, 배산임수 갖춘 전원주택에서 노후를 보낼까 했다. 그 정년을 앞두고 코로나19가 창궐했다. 우리가 손 놓으면 가게를 인수하려고 맘먹던 이들도 반응이 싸늘했다. 그간 잘해 오던 이들도 문을 닫는 판이니 당연한 일이었다. 코로나가 물러가기만을 기다리던 차, 내가 난치병을 만나 황당할 따름이다.

  그러나 어쩌랴! 우두망찰하고 있을 수만은 없는 일 아닌가. 그나마 마침 이웃 상인이 자기 친구를 소개해 싸게라도 가게를 인수시켰으니 다행이다.

  일손 놓으면 삼십 년 넘게 산 낡은 아파트를 옮겨 볼까 하던 계획도 도로 접었다. 유튜브 영상으로 전국의 전원주택을 구경하던 재미도 접어야 할까 보다. 이즈음에서 생이 다할 것 같은 예감이 든다. 집수리할 시간은 되려나 모르겠다.

내 책이 매스컴 타고

 2022년 3월 1일 초하루다. 103주년 삼일절 기념일이기도 하다. 새달부터는 글을 써보자며 모처럼 글 한 편을 쓰고 카톡을 열었다. 서울에 사는 국제시장 동기 S가 커다란 태극기를 아파트 베란다에 매달아 놓고 사진을 찍어 친구들 카톡방에 올려놓았다. 그러고는 요즘은 그 많은 아파트에도 태극기가 잘 안 보인다며 통장으로 오래 일한 이답게 투덜거린다. 마치, 나 보란

듯이. 현재 아파트로 이사 온 초기 몇 해를 빼고는 태극기 달기를 잊고 산 양심을 쿡 찌른다.

　지난해 춘삼월엔 첫 시집『몽돌』을, 늦가을엔 두 번째 수필집『국제시장』을 출간하느라 정신없이 바빴다. 다들 한마디씩 했다. 바쁜 도매상 일을 하면서 1년에 책 두 권을 어떻게 냈느냐고. 2015년에 첫 수필집을 냈다. 후로 틈틈이 써둔 글을 코로나로 한가해진 틈을 타 정리하고 퇴고해서, 새봄에 수필집과 시집을 같이 내려고 했다. 작업하던 중에 수필집이 좀 두껍다고 해 대여섯 편 추려냈다. 비슷한 내용이 중복된 곳은 없을까, 다시 살피느라 수필집이 가을로 미루어진 것이다.

　봄에 나온 시집을 가을에 출간한 수필집과 함께 각 처로 보냈으면 좀 수월했을 테다. 급한 성미 아니랄까 봐, 그 6개월을 참지 못하고 일을 더 보탠 꼴이다. 초봄엔 첫 시집이 나올 거라는 말을 몇 군데 미리 얘기했다고 손 치더라도, 초짜 시인이 쓴 시집을 눈 빠지게 기다리지도 않을 텐데 말이다. 어쩌면 내 넋두리 같은 시집보다도 하늘하늘한 봄 스카프 몇 장이 더 반가운 건 아닐까.

　초봄에도, 늦가을에도, 출간한 책을 곳곳에 보내느라 가게 일

틈틈이 손이 바빴다. 스카프와 머플러를 일일이 몇 장씩 챙겨서 같이 보내느라 시간이 더 걸렸다. 코로나로 손님이 팍 줄었기 때문에 손님 맞느라 책 보내는 작업이 늦어졌다는 말은 변명밖에 안 될 것이다. 시집과 수필집을 각각 500권씩 받아 그 십 분의 일도 남지 않았다. 코로나로 모임도 없으니, 단체로 나갈 책은 낙관도 찍어놓고 사인까지 해 놓았다. 코로나 눈치 보며 이제나저제나 주인 찾아갈 날만 대기하고 있다.

첫 수필집 때는 생각도 못 한 일을 이번에는 실행에 옮겼다. 우연한 기회로 수필집 『국제시장』은 거주지인 영도구청에도, 가게가 있는 국제시장이 속한 부산 중구청에도 열권씩 전달하고 왔다. 국제신문에도 보냈더니 박현주의 '그곳에서 만난 책'에 채택되어 담당자가 직접 인터뷰를 나왔다. 덕분에 광고비 안 들이고도 2021년 12월 27일 자 신문 반면으로 책 소개가 실렸다.

글 쓰는 사람으로 얼마나 뿌듯했는지 모른다. 글이 마음에 와닿는 게 많다더니 라디오 방송에도 소개했다. 부산가톨릭평화방송에서 1월 17일 오후 7시, 책 칼럼니스트인 그가 진행하는 코너에서 아나운서와 대담으로 내 책을 소개하는 방송이 십 분쯤 흘러나왔다.

　진주에 계신, 한국문인협회 부이사장을 지낸 강희근 전 경남대 국문학과 교수님도 내 책을 경남일보에 크게 소개해 주셨다. 그분과는 모 문학지에 글을 같이 실은 적이 있다. 을숙도 동인회의 창립 멤버이자 가장 연장자인 홍 선생님의 친한 친구시다. 홍 선생님이 돌아가시고 초상 때 진주 상가에서 우연히 뵀다. 그때 내 책이 나오면 보내 달라고 해서 보내드렸다. 50여 년 국제시장 현장에서 겪은 진솔하고 질박質朴한 글에 다들 점수를 주었다. 용기를 주고 격려해 준 고마운 분들이다. 이에 보답하자면 더 좋은 글을 열심히 써내야 할 성싶다. 내 가게를 운영하는 사람으로 전업 작가도 아닌데, 코로나가 물러가면 바빠질지 모르니 하던 대로 최선을 다할 참이다.

　2월 초순부터는 앞뒤 가게의 겨울 제품을 전부 들어내고 봄 상품으로 교체했다. 봄 신상품은 한꺼번에 들어오는 게 아니다. 공장마다 제품이 나오는 대로 찔끔찔끔 보내오기에 지난봄 재고와 함께 앞뒤 가게에 진열을 끝냈다. 철 지난 제품은 박스에 집어넣고 자리바꿈하는 게, 계절이 바뀔 때마다 하는 새 옷 갈아입히는 작업이다.

가게가 넓어 세월아 네월아 하는 이들 같으면 며칠이 걸릴 일이다. 이 일이 몸에 단단히 밴 나는 제아무리 혼잣손이어도, 손님을 응대하면서도 이삼일 정도면 가게 일곱 칸을 보기 좋게 후다닥 정리해 치운다. 지난 54년간 오직 한 우물만 판 도소매업자 경력 달인이 아닌가. 처음 스카프 도매상 점원으로 일한 집에서 5년 일하고, 내 가게가 된 이 자리에서 49년 장사했다. 일머리가 없지 않은 다음에야 이 정도쯤은 할 수 있는 일이다. 이 단련된 기술이 아까워 개업 50주년을 꽉 채우고 폐업 잔치도 하고 끝낼 참이다. 진즉에 일을 접자는 남편을 달래느라 하기 싫다는 일은 시키지도 않는다. 부부가 어쩌다가 다투는 일도 꼭 바쁜 겨울철에 일어난다.

남편은 구경만 했는가 하면 꼭 그렇지도 않다. 그가 하는 일 몫은 따로 있다. 철이 바뀌면 지난해에 넣어 둔 무거운 봄 스카프 박스를 진열대 앞으로 꺼내야 한다. 내가 철 지난 상품을 구김 가지 않게 박스에 잘 넣어주면, 남편은 그걸 안으로 들고 가 빈자리에 앉혀놓는다. 그가 하는 또 다른 일이 하나 있긴 있다. 본인 취미로 즐겨 듣는 노래들을 수시로 녹음해서, 노래 듣기 좋아하는 내가 일하며 감상하라고 지겨울 정도로 틀어주는 일이다.

　이윽고 멋지게 변신한 가게 진열장을 바라보며 흐뭇해할 때쯤, 벌써 다 끝냈냐며 남편도 이웃들도 감탄을 자아낸다. 내 기분도 덩달아 풍선처럼 부풀고, 일한 피곤함도 싹 가신다.

　새해 두어 달은 소매상 손님들이 겨울 제품 남은 걸 교환하려고 들고 오는 때다. 우리도 그걸 모아 공장에 반품할 건 챙겨 보내야 하기에 2월 말까지는 별 소득 없이 바쁘다. 시기상 이런저런 일로 글 한 편 못 쓰고 새해 두 달이 후딱 지나가 버리는 것이다.

　이제 철이 바뀌어 경기는 조금 나아졌다. 그래도 아직 반의반 토막이다. 지난해에는 책을 두 권이나 내고 신문과 방송에도 나오고 내 딴엔 정신이 없었다. 책 내느라, 사방에 보내느라 바빴지만, 코로나가 머문 시기 수입은 헛장사였지 싶다. 사방에서 적자 타령이다. 문을 닫는 곳도 늘어난다. 그것만 면한 것도 다행 아닌가.

　영국 시인 윌리엄 블레이크는 '재산'이란 시에서 "돈부자보다 더 좋은 마음 부자"가 되라고 했다. 나도 돈부자보다 마음 부자가 맞다. 책 세 권을 펴낸 책 부자 아닌가!

눈 닿는 곳곳에 돋보기를

안경은 '닦는다'라고 말한다. 씻어서 쓰기보다는 천으로 닦아서 쓰는 게 일반적이라 그런 것 같다. 나는 안경을 대충 닦아 쓰다가 일 년에 두어 번은 부드러운 가제에 세제를 묻혀 싹싹 씻어 물로 헹구어 그늘에서 말린다.

쓰는 안경 대부분은 몸담은 국제시장 내 도매상에서 개당 4,000원을 주고 산 싼 돋보기다. 보안경과 다초점 안경도 오래

전에 시력을 검사해서 고가로 하나씩 맞췄다. 다초점은 계단을 내려갈 때는 어지럽고 해가 갈수록 시력에 차이가 나 쓰지도 않고 묵혀두었다. 돋보기 가격의 백 배 가까운 돈을 주고 맞춘 보안경도 별로 쓸 일이 없어 보관만 하다가, 얼마 전에 필요하다는 지인에게 줘버렸다. 야외라도 나가면 보안경보다는 선글라스가 눈의 피로를 더 덜어주는 것 같기 때문이다.

일 년에 한두 번 쓸 일도 잘 없는 게 고급 안경이다. 이에 비해 한 시간도 떼어놓을 수 없고, 잃어버려도 부담 없고 저렴하며 면면한 게 돋보기다. 안방에, 거실에, 서재에, 부엌에…, 주로 머무는 곳마다 놓아두었다. 가게에는 곳곳에 돋보기가 널려 있다. 본부 입구 컴퓨터 옆에는 기본으로 두고, 장부 정리하는 곳에도 놓여 있다. 손님이 없을 때 책을 보는 진열대 앞, 편한 자리에도 각각 두었다. 하루에도 몇 번씩 돋보기들이 사라졌다 나타나곤 하기에 눈 닿는 곳마다 돋보기를 둔다.

가게 돈 통 앞뒤 비상용 물건 더미 위에는 역시 비상용 돋보기 두세 개가 늘 자기 차례를 기다리고 있다. 그 돈 통이라 하는 것은, 48년 전 개업 날에 산 붉은색 플라스틱 바구니를 줄에 매달아 둔 통을 말한다. 돈을 넣는 그 통이 돈을 잘 벌어줬기에

복 바구니라 버리지 못했는데 고물 주인처럼 낡아간다.

　마주한 두 가게에 손님이 한꺼번에 들이닥치면 난감할 때가 많다. 손님에게 신경이 쏠려서 안경을 어디에다 빼놓았는지, 부러 숨긴 것처럼 안경이 보이지 않을 때가 많다. 돋보기를 쓰고는 어질어질해서 손님을 대면할 수 없다. 어디에 두어도 시장에서 파는 싼 돋보기라 누가 주워갈 일도 없다. 하나쯤 없어지면 불편하긴 할 게다. 가게 물건 속에 묻혀 있다가 며칠 후에 얼굴을 내밀 때도 있다. 어떤 날은 대여섯 개가 한 자리에 모여 있다가 까꿍 하며 나오기도 한다. 그런 날은 피식 웃으며 여축없이 '오늘은 내 안경들이 다 모여서 계를 하네.'라는 말이 절로 나온다. 중얼거리고는 각자 제 위치로 갖다 놓는다.

　주로 앞쪽 마주한 가게에서 계산서를 쓰기 때문에 가게를 그만둘 때 물건을 전부 꺼내면 어림짐작으로도 돋보기 몇 개는 고개를 내밀지 않을까 싶다. 가벼운 스카프 속에 묻혔다가 한참 후 나올 때 때가 껴 나오기도 한다. 이따금 부엌 세제로 씻어주는 이유다.

　요즘에는 나오지 않지만, 오륙 년 전까지도 투명 유리 테에 모 회사 브랜드 모조품 돋보기가 가볍고 예뻐서 인기가 좋았다. 동인회 모임에 가서 그 돋보기를 꺼내 쓰면 어디에서 샀느냐고들 물었다. 이 돋보기를 선물한 양도 숱하다. 그네들이 사려면 비쌀 테지만 나는 싼 도맷값으로 인심 쓴 셈이다.

지천명에 들어서서 돋보기를 쓰기 시작했다. 안경 쓴 지가 스무 해 가깝다. 일이 없을 때는 늘 책이나 신문에 코를 박고 있고, 컴퓨터에서 글 쓰느라 눈을 혹사해도 아직은 눈이 크게 나쁘지는 않은 것 같다. 돋보기를 처음에 쓸 때는 싼 게 비지떡이라고 눈 건강에 지장이 갈까 걱정했다. 하나, 써 본 결과 그 걱정은 안 해도 될 것 같다. 72세 생일이 지났는데도 아직 백내장도 녹내장도 모르고 산다. 안경 공이 크다.

늘 오늘이 마지막인 것처럼

 일본 소설가 소노 아야코의 '늘 인생의 결재를 해 둘 것'이란 화두를 보기 전에도 가끔 내 뒷자리를 살피긴 했다. 췌장암 선고를 받기 전에 이미 유언장을 써 두었다. 오십 년 키워온 국제시장 가게를, 혼잣손인데도 항상 적소에 말끔하게 정리해야 마음이 편했다. 아무리 바빠도 어질러 놓으면 뒤가 켕겼다. 정리하다가 남편의 재촉을 받고서야 퇴근을 서두르곤 했다. 가게고

집이고 어질러져 있으면 꿈자리까지 시끄럽다. 장점이자 단점인 내 성미가 이러하니 일을 달고 산다 해도 틀린 말은 아니다.

수술 후, 평생을 바친 가게를 접었다. 14개월이 지난 현재, 12회 항암치료도 끝났다. 다행히 큰 후유증 없이 치료가 잘 되었다고, 앞으로 3개월에 한 번씩 CT 검사를 하잔다. 그렇다고 마음 놓을 수는 없는 일이다. 췌장암 3기 예후가 썩 희망적이지 않다는 통계를 다양한 채널을 통해서 보았다.

오래전에 읽은 지인의 수필에서, 외출할 때는 속옷도 가지런히 정리하고 나간다고 한 걸 읽었다. 나보다 대여섯 살이나 연하인 그녀가, 죽을병이 난 것도 아닌 그의 글을 읽고 깨달은 바가 컸다. 나이 아래인 대학 선배지만 배울 게 많은, 내가 존경하는 이유다. 하긴 사람은 언제 어디서 무슨 일이 일어날지 아무도 모르는 일이다. 누구나 삶이 유한하다는 건 잘 아는 바다. 내 삶은 무한할 거라고 잠깐씩 잊고 살 뿐이다.

나는 건강하므로, 우리나라 여성 평균 수명치는 살 거라는 생각이 마음 밑바닥에 깔려있었다. 그런 자만한 생각을 그때부터 조금씩 버렸던 것 같다. 입지 않는 옷들도 말끔히 정리한다. 될 수 있으면 더 사들이지 않는다. 죽을 때까지도 법정 스님의 비우기를 발끝에도 못 따라가겠지만, 쉬운 것부터 비우며 실천하는 중이다. 늘 오늘이 마지막 날인 것처럼 살아보려고 노력한다. 무뚝뚝한 내가 웃는 얼굴로 부드러운 말씨를 써보자고 맘먹지만, 그것도 그때뿐인 것처럼 말이다.

수술한 후 서울 큰딸네 집에서 두 달 가까이 지내고 부산 집에 오자마자 짐 줄이기부터 시작했다. 첫 번째가 책장에 꽂힌 책을 절반이나 줄이는 일이었다. 현대문학 작가들의 작품인 한국문학전집도 오래되어 겉이 누렇게 변했다. 미련 없이 버렸다. 그 무거운 책들을 며칠에 걸쳐 폐지 버리는 곳으로 옮기는 남편 보기가 미안할 지경이었다. 대부분 내가 사들인 책이다. 평소 같으면 잔소리했을 그가, 환자가 스트레스받을까 봐 하자는 대로 묵묵히 따른다.

두 번째로 정리한 게 꽃나무 화분이다. 30년 살아온 아파트 넓은 베란다에는 크고 작은 꽃 화분이 정원처럼 가득했다. 그걸 미련 없이 절반으로 줄였다. 남은 화분 중, 지난여름 집수리 때 보름간 여행을 떠나면서 대문 밖에 내놓은 꽃나무 몇 개가 말라 죽었다. 무거운 고무 함지에 심긴 커다란 꽃나무를 처리할 때는 큰일을 치르듯이 힘들었다. 앞으로 화분은 절대로 사지 않겠다고 남편과 약속했다. 그렇게 버리고도 크고 작은 화분이 40여 개 남았다.

세 번째는 장독 정리다. 큰 장독 위주로 일곱 개는 가덕도 혜덕사로 남편이 싣고 갔다. 중간 독과 작은 독만 절반 남겼다. 다 밑반찬이 들어 있다. 직접 담은 간장과 된장, 고추장, 젓갈, 우리 농장에서 수확한 매실 효소 담은 것, 시동생 농장에서 가져온 아로니아 효소 담은 것, 천일염 따위다. 이 정도면 내가 살아있는 동안은 얼추 먹지 싶다. 혹여 운이 좋아 더 살게 되면 그때 봐서 조금씩만 더 담아도 될 것이다.

남편은 라면 하나도 제대로 끓일 줄을 모른다. 내가 없으면 집에서 밥해 먹을 위인이 못 된다. 외식을 좋아하진 않아도 상황에 적응해 살아가야 하니 그에 잘 대처하지 않겠나.

그릇도 가구도 대폭 줄였다. 집안이 훨씬 넓어 보인다. 영도섬 바닷가라 여름은 시원하고 겨울엔 따뜻하다. 올여름이 더웠다고들 하지만, 바람 없는 삼사일 밤만 에어컨을 잠시 켰을 뿐이다. 하여 집을 줄여 이사할 생각은 접고, 집 낡은 일부만 수리했다. 안방과 거실, 서실과 부엌, 앞 베란다가 다 내 놀이터고 운동장이니, 본심은 이곳을 떠나기 싫기 때문이리.

남편은 자기 방에 들앉아 컴퓨터 게임이나 음악 감상으로 거의 시간을 보낸다. 어쩌다 뉴스 보러 거실에 잠깐 나온다. 일주일에 두세 번씩 서예 공부를 다니고부터는 집 서실에서 두 시간쯤은 붓글씨를 쓴다. 어떻게 남편과 서예가 궁합이 맞는지 신기하다. 매 끼니 먹을 걸 찾아 부엌을 어슬렁거리고, 걷기에 중독된 사람처럼 날마다 두 시간은 바깥을 돌아다닌다. 혼자 바쁘다. 오전 운동은 나와 함께하고, 오후 운동은 혼자서 잘 다닌다.

고급 취미인 서예를 나도 같이 배워 볼까 했다. 그러나 모든 걸 내려놓기로 맘먹은 마당에 악필을 고쳐 뭣하랴. 글인들 많이 써 남겨 뭣하겠는가. 무명작가가 책 세 권 냈으면 됐지, 한두 권 더 내고 죽는다고 누가 알아줄 일인가. 설령, 죽은 후에 알아준대도 뭔 소용인가. 그동안 바쁘게도 살았으니 이젠 실컷 놀면서 책이나 보고, 가고 싶은 곳으로 여행가고, 먹고 싶은 것 챙겨 먹고 살다 가면 그만인걸. 가게를 할 때는 대충이라곤 없이 열심히 일했다. 남보다 일찍 문을 열고 남보다 늦게 닫았다. 쉬는 날엔 밤잠을 줄이며 김치를 담갔다. 그렇다고 쉬는 요즘이라고 한가한 건 아니다. 요즘은 요즘대로 바쁘다. 살림살이에 재미 붙이니 끊임없이 일거리가 생긴다.

정, 글이 쓰고 싶으면 컴퓨터 앞에 앉아 시간 보내기도 괜찮다. 책을 보거나 글을 쓰고 있으면 시간이 거짓말같이 후딱 지나가 버린다. 내 영혼을 살찌우는 유일한 시간이다. '오늘은 내 남은 생애의 첫날이다.'라고 한 어느 책갈피 속 글귀를 귀감으로 삼는다. 흐트러지려는 마음을 붙잡고, 늘 오늘이 마지막인 것처럼 남은 나날을 허투루 살지는 말아야지.

산문으로 쓰는 독후감

 독후감을 산문 형식으로 써 보고 싶다. 글쓰기에 일정한 형식을 따르지 않아도 될 것 같고, 수필보다 한 수 위로 봐주는 것 같아서다. 그러자면 산문 쪽으로 유명한 사람의 글을 많이 읽고, 우선 책장에 꽂힌 책부터 다시 읽어야겠지. 좀 우둔한 나로서는 수필이나 산문이나 그게 그거 같다.
 우리 부부 고향 모임 회원인 남편 친구는, 내가 첫 수필집을

냈을 때도 이번에도 책을 두 권이나 선물로 보냈다. 고마운 마음으로 읽었다. 감명 깊게 읽은 책은 일본 작가 무라카미 하루키의 자전적 에세이 『직업으로서의 소설가』다. 이 책에 쓴 작가 말 중에 마음에 딱 와 닿는 두세 줄이 있다. "모든 일에는 '물때'라는 게 있고, 그 물때는 한 번 상실되면 많은 경우 두 번 다시 찾아오지 않는다."라는 문장이다. 나도 배움에 목말라 늦깎이 공부를 이었지만, 이미 물때를 놓친 머리는 지하철 승객의 흐름처럼 지식이 머리에 들어오기가 바쁘게 빠져나갔다. 작가가 글을 쓰는 이유 중 하나는 '자기 치유'적 의미가 있다고 한다. 나도 똑같다. 글을 쓰는 일이란 게 한마디로 자기 정화 작용을 해 주므로.

오래전, 실러라는 이는 '인간이 자기 자신을 해방시키는 유일한 방법은 놀이하는 사람의 태도를 취하는 것'이라고 한 바 있다. 전업 작가가 아닌 나도 글을 쓰는 시간만이 내 유일한 놀이이자 모든 속박에서 벗어나는 탈출구였다.

일주일 만에 책 두 권을 읽었다. 이를 알고 보낸 듯 이번엔 남편 전국구 부부 모임 회원 중 한 분인 박 회장이 서울에서 책 세 권을 보냈다. 그 역시 내 첫 수필집 발간 때 책을 선물하더니 이번에 또 보낸 것이다. 책 복이 터졌다. 제일 먼저 펴 든 책은, 편히 읽히고 마음이 정화되는 법정 스님의 『오두막 편지』다. 법정 스님 책은 책장에 6권이나 있다. 책장 불교 서적 편에 꽂혀 있는 책인데도 오래전에 읽었던 책이라 보내온 새 책으로 다시 읽었다. 선물 받은 새 책은 밑줄 하나 긋지 않았다. 깨끗이 보고 나서 딸에게 주려는 마음에서다.

다음은 『보르헤스와 나』로 지은이는 제이 파리니다. 이 책도 작가들이 공부하기에 유익한 책이다. 소설 형식으로 쓴 작가의 회고록이다. 미국인 작가가 50여 년 전, 베트남 전쟁에 참전하라는 정부의 징집을 피해 먼 스코틀랜드로 가서 문학을 전공하면서 이야기가 전개된다. 문학박사 과정을 공부하던 그가 우연한 기회에 앞이 안 보이는 보르헤스라는 유명 작가를 만나고, 일주일간 그가 가고 싶다는 곳으로 두루 여행안내를 하면서 이야기가 전개된다.

나이 들어 건강이 급속도로 나빠져 앞이 안 보이는 칠십 대 노 작가를 위해서다. 가는 곳마다 더 세세히 설명하라는 잔소리꾼 지시에 따르다 보니 더러 짜증도 났다. 놀라운 건, 그러는 동안 새 풋내기 작가도 어느새 여행지 풍광을 서술하는 기술이 급속도로 늘었다는 점이다.

　처음 이 일을 갑자기 떠맡았을 땐, 노 작가의 책을 한 권도 읽어보지 않아 그가 대작가인 줄도 몰랐다. 자신이 도움받는 알레스테어 작가가 그 노 작가의 작품 몇 편을 번역한 사람이라, 내키지 않았으나 부탁을 거절하지 못해서였다. 그런데 일주일을 길 위에서 그와 여행하며 인생에 관해서 문학에 대해서 많은 걸 배웠다. 내 앞에 놓인 어떤 상황에서도 최선을 다해야 기회를 잡을 수 있다는 걸 새삼 알게 된다.

　어릴 때 내 고향 동네에도 월남 전쟁에 목숨을 내놓고 돈 벌러 간 친구의 형들도 있었다. 8년여에 걸친 그 전쟁에 우리의 비둘기부대, 청룡부대, 맹호부대, 백마부대 등 5만여 병력을 파견했다. 다들 어려운 시기라 오직 돈 벌려고 자원해서 간 줄로만 알았다. 살아 돌아온 이들이 시골 논을 두세 마지기씩 샀다는 소문이 났으니까. 그들은 돈은 벌었을 것이다. 하지만 몸은 망가져 오거나, 한 줌의 재로 돌아오곤 했다는 게 어릴 때 본 베트남 전쟁사다.

　미국은 자국 전쟁이 아닌데도 입대할 연령의 젊은이들을 강제로 징집해 남의 나라 전쟁에 총알받이로 보냈다는 걸 이 글을 읽고 알았다. 한국전쟁 때도 먼 나라에서 그 나라의 법에 따라 징집되어 와 귀한 목숨을 바친 이들에게 머리 숙인다. 우리 젊은이들도 강제로 징집되어 가서 목숨을 잃은 이들이 있을 줄은 미처 생각지 못했다.

  주인공 파리니도 베트남 파병을 피해 외국까지 가 있는데도 네 번이나 징집통지가 왔다. 그것을 끝내 뜯어보지 않았다. 그와 가장 친한 친구가 월남전에서 전사했기 때문이다. 노 작가와 헤어지기 하루 전날 밤, 알레스테어 작가의 집 앞 바닷가에서 보르헤스와 모여 파리니의 징집 통지서를 뜯어보지도 않은 채 대신 불태워 준다. 주인공 파리니가 짝사랑하는, 그러나 감히 다가가지 못하는 그의 앞날의 연인과 함께 희망이 그들을 둘러싼다.

  다음은 『바이오 사이언스 2025』다. 작가는 일본 노벨상 수상자의 공동 연구자인 요시모리 다모쓰다. 내 사위도 과학박사지만, 어렵게만 생각되던 과학하고는 거리가 멀어서 생경하다. 책 고르는 안목이 높은 박 회장이 보내준 책들은 다 감명 깊게 읽었다. 좀 지루해도 읽어보고 딸에게 보내려고 했다. 그런데 끝까지 읽어보니 생각보다 굉장하다.

책의 주제는 한 마디로 생명과학이다. 특별히 알아 두면 좋을 몇 가지를, 우리가 알아 두면 유익한 부분만 옮겨본다.

'사람에게는 2만 개가 넘는 유전자가 있다. 그 유전자 세트를 게놈이라 한다. 게놈은 인간을 만드는 데 필요한 유전자의 집합체 즉 생명의 설계도라 할 수 있다.'

'우리 몸은 난자로부터 시작된 1개의 세포가 분열을 거듭해 최종적으로 37조 개까지 늘어난다. 그것을 인공적으로 증가시키는 게 배양이다. 그 세포들은 단백질과 막에 싸여 있다. 세포는 생명의 기본단위다.'

'유전자 = DNA의 집합이 유전자를 만든다. 인간의 약 37조 개의 모든 세포 하나하나에 거의 게놈이 들어있다는 것이다. 단 적혈구만 게놈을 갖고 있지 않다.'

'인간의(나의) 피부 세포를 하나 채취해서 현대기술을 이용하면 또 하나의 나를 만들 수 있다. 둘리라는 양이 태어난 것도 생식 세포

이외의 세포에 게놈이 존재한다는 것을 증명한 예다.'

'다윈의 진화론 : 과학은 답이 아니라 가설이며 병, 노화, 죽음은 세포에서 일어난다. 생명의 기본단위가 세포다.(피부 세포가 죽어 떨어지는 게 때다)

'면역 : 외부의 적을 배제하여 몸을 지키는 시스템'

'백신은 몸에 약한 병원균을 넣어서, 몸이 그 병원균을 기억하게 만드는 것이다.'

'과학은 인간이라는 종의 가장 큰 특징인 지적 호기심을 원동력으로 하는 문화다.'

이 책 곳곳에 강의식으로 알기 쉽게 풀어놓은 과학 용어를 옮겨본 것이다. 오스미 선생의 제자인, 저자 요시모리 다모쓰 과학자의 연구와 발견을 혼자 보기 아까워서다. 저자의 전문 분야는 '오토파지(=자기 포식=스스로 먹는다. 즉 밖에서 들어온 나쁜 적(병)을, 내 몸의 세포를 지키기 위해 적을 치우는 청소 담당)'라고 저자 자신이 말한다. 세계적인 큰 상(2016년 노벨생리의학상)을 수상한 일본 오스미 요시노리 박사가 오토파지에 관한 논문을 1993년에 발표했단다. 그 연구 결과로 노벨상도 받았다. 그보다 훨씬 이전인 1963년에 벨기에 생화학자도 이 연구를 하다가 포기했다. 이 책의 저자가 끝까지 연구를 파고든 것은 가능성을 보았기 때문인 것 같다. 우리 모두를 위해 이 연구가 꼭 성공했으면 좋겠다.

이 연구가 성공하면 알츠하이머나 파킨슨병, 크론병 등의 신경변성 질환에 획기적으로 기여할 것임이 틀림없다. 이 병은 세계적으로도 아직 약이 없이 시일이 걸리는 골치 아픈 질환들이다. 그러한 병들에 도움이 되는, 자연에서 나는 식재료 소개와 함께 소식과 운동이 수명을 연장하는 최선책이라고 저자는 강조한다. 과학자가 꿈이라면 꼭 이 책을 보라고 권하고 싶다.

나는 과학에 문외한인데 이 책을 읽고 딸에게 전화했다. 과학자 가족들은 필히 이 책을 보면 좋겠다고. 사위는 재료공학과라 분야가 다르긴 하다. 과학자가 걷는 길을 조명한 점도, 세계적인 과학의 흐름도, 이 책을 두 번씩이나 읽고 나서야 대충 짐작하게 됐다. 아버지를 따라 과학자가 꿈이라는 외손자도 이 책을 꼭 봤으면 좋겠다.

　고향 친구 전국 부부 모임도 코로나로 이삼 년째 못했다. 바쁜 그가 귀한 책까지 보내준 덕에 인체에 관해 배웠다. 책을 많이 읽고 좋은 작품을 써내라는 당부 같아 부담스럽기도 하다. 덕분에 글도 한 편 건졌다. 건강 상식도 넓혔으니 다 그이 덕이다. 그냥, 쓰고 싶을 때만 쓰고, 신문이나 책에만 코를 박고 살다가 정신이 번쩍 나는 책을 읽은 기분이다.

　요즘은 책을 읽어도 읽을 때뿐, 머리에 별로 남는 게 없다. 그러면 뭐 어떤가. 재미로 눈이 아프도록 보며 그간 못 읽은 갈증을 채운다. 치매 예방에도 좋다니 그걸 위안 삼는다.

　한국문인협회에서 매달 오는 월간문학과 계간 문예지인 한국문학인, 지구문학, 현대문학사조, 예인문학 이외에도 볼거리가 재였다. 가끔, 생각지도 못한 꽤 유명 작가가 어떻게 주소를 알았는지 본인 신간을 보내오기도 한다. 이렇게 선물로 받은 책들은 고마움에 답하느라 다 읽는 편이다. 공부에 도움 되는 책은 두고 다시 읽기도 한다. 다른 작가들보다 체계적인 공부도 덜 했으니, 책이라도 많이 읽어야 말석이나마 명함을 내밀 수 있을까 해서다. 특히, 세월부대인歲月不待人이라 했듯이, 세상 모든 건 때가 있는 법. 기억력도 신체도 신통치 않은 지금에 열심히 해보려니 머리가 희미한 가로등이다.

천지간에 나 혼자 있는 시간
- 송광사 불일암 가는 길

빗속에서 하동 쌍계사, 구례 화엄사, 천은사를 거쳐 순천 송광사로 왔다. 송광사는 양산 통도사, 합천 해인사와 더불어 삼보사찰이다. 불교에서 귀하게 여기는 세 가지 보배를 가진 사찰이란 뜻이다. 통도사는 불보사찰, 해인사는 법보사찰, 송광사는 승보사찰로, 불佛 법法 승僧을 소중히 모신 사찰이다.

아침부터 비는 작정한 듯이 내린다. 현판이 걸린 송광사 대웅

보전 앞으로 가니 넓은 절 앞마당에 쭉 늘어선 네댓 그루의 배롱나무가 반긴다. 8월이 제철인 꽃인데 피려면 달포는 기다려야겠다. 대신, 푸른 잎 사이로 작고 붉은 연꽃 연등이 나뭇잎 색깔의 푸른 꽃받침을 달고, 마치 그 나무가 피운 꽃인 양 주렁주렁 달려 눈길 발길을 이끈다.

배롱나무 꽃보다 큼직한 연꽃 등도 예쁘긴 매한가지다. 나무 둥치도 예사롭지 않다. 수령이 수백 년은 됐을 법한 나무의 굵은 둥치가 몇 갈래로 뻗어나갔다. 육체미 대회에 출전한 장골 몸처럼 힘줄로 솟구쳐 오르다가 곳곳에서 팔을 굽혀 구불거리는 기이한 형상이다. 마치 절 입구에서 부처님을 지키는 불법의 수호신들 같다.

지금 사는 아파트에도 서른 살 아파트 나이와 맞먹는 듬직한 배롱나무 몇 그루가 있다. 매년 꽃을 피우지만, 이곳 우람하고 기품 있는 나무에 비하면 새발의 피다. 손자의 손자뻘도 안 될 것 같다. 집에 와서 사진으로 푯말을 확인해 보니 비 때문인지 글자가 희미하다. 수령을 확인할 수가 없다. 넋 놓고 바라보다가 법당으로 들어섰다. 내리는 빗속에서 넓은 사찰을 반도 못 둘러봤는데 남편은 내려가자고 재촉한다.

송광사 입구, 법정 스님이 오래 머무셨다는 佛日庵으로 올라가는 '무소유 길' 안내판 앞에서 부부 의견이 갈라져 삐걱거린다. 거세지는 빗줄기에 그만 돌아가자는 그와, 예까지 왔으니 혼자서라도 기어이 가겠다는 나와의 충돌이다. 오래 전 어느 윤달에도 단체로 삼사 순례 왔었다. 그때는 불일암 이정표를 못 봤는지, 아니면 법정 스님이 머무시던 암자 푯말이 없었던지, 암튼 가보지 못했다. 스님이 쓴 책을 두루 읽으며 맘에 큰 위안을 받았기에, 이번 참에는 우중에 남편이 동행하지 않더라도 홀로 스님 흔적을 더듬기로 했다.

불일암까지 왕복 1시간 거리라고 푯말이 알린다. 차 한 대가 겨우 올라갈 수 있는 가풀막 길을 우산 쓰고 혼자 올라간다. 길에서 쏟아져 내려오는 흙탕 빗물이 나를 격하게 반기는 듯하다. 이대로 비가 쉬지 않고 쏟아진다면 내려올 때는 센 빗물에 미끄럼타고 쭉 내려올지도 모르겠다. 생뚱한 생각으로 절반쯤 올라갔을까. 이번에는 이정표가 좁은 오솔길로 인도한다. 옷은 이미 다 젖었어도 스님 자취를 더듬고 싶은 마음을 돌리지는 못한다.

대나무 삼나무 편백 상수리나무 우거진 수풀에서 뿜는 향이

짙다. 무소유의 삶을 실천한 스님이 수시로 걸었을 길을 걷는 것만으로도 충만하다. 마음을 오롯이 비우고, 부처님의 가르침을 실천한 법정 스님은 또 다른 부처님이 아니랴. 깨달은 이가 곧 부처라 했으니.

비가 쏟아지는 숲속 오솔길엔 사람이라곤 보이지 않는다. 만물이 동시에 내뿜는 기막힌 향기 속에서 천지간에 나 혼자 있는 시간. 우산에 오롯이 의지한 채 걷는 고즈넉한 산길에서 옷은 젖고 마음은 하염없다. '구름 깊은 곳에 들어서면 역시 옷이 젖는다.'라는 한시 구절이 떠오르는 나만의 세상에 있다.

불일암에 거의 다다랐을 때 남편에게서 전화가 온다. 자기도 올라오는 중이니 불일암에서 꼼짝 말고 기다리라고 한다. 쏟아지는 빗속에 환자를 혼자 보내놓고 걱정되었던가. 남편은 나를 걱정했겠지만, 막상 나는 무념무상의 심정으로 숲 향기에 취해 걸었다. 오는 길에 옷이 젖는 것도 잊을 만큼 금방 도착한 듯하다.

암자에 닿으니 佛日庵이란 편액 앞에 흰 고무신 한 켤레가 정갈히 놓여 있다. 암자 바깥의 좁은 마루엔 조그만 바구니 시주함이 놓였다. 들여다보니 빳빳한 천 원짜리 댓 장이 담겼다. 나도 깨끗한 돈으로 골라 그만큼 넣고 머리를 숙였다. 그 옆엔 예까지 올라온 객들이 입 다시고 가라고 두었는지 막대사탕도 담겨있다.

스님이 거처하신 암자는 기와지붕을 인 상상 속 암자보다는 조금 컸다. 아마도 집 안엔 조그만 법당과 작은 부엌, 방 두세 개, 앞마당 쪽으로는 길게 마루가 놓였지 싶다. 책에서 읽었으니 대충 그림이 그려진다. 들어가는 입구에도 고무신 두 켤레가 가지런히 놓였다. 여기도 문고리가 잠겼다. 너무 단출해서 마당에 우뚝 선 후박나무가 바로 눈에 들어온다. 법정 스님의 유언대로 스님 유골을 모신 곳이다. 우산을 든 채 서서 예를 올리고, 그 옆 수돗가에서 물을 마시고 손을 천천히 씻었다. 그런데 손의 감각에 좀 이상한 느낌이 왔다. 항암치료가 끝난 지 석 달이 넘었지만, 아직 손발의 저림 감각이 풀리지 않았다. 갑자기 손의 무딘 감각이 좀 풀린 느낌이다.

긴가민가하며 고개를 갸웃거릴 때 남편이 도착했다. 법정 스님의 선물인 듯한, 실은 현재 거주하고 계시다는, 법정 스님의 맏상좌 덕조 스님의 선물인 막대사탕을 하나씩 입에 물고 내려오는 길로 들어섰다. 세찬 비 내리면 생각날 법한 산속 오솔길,

숲이 내뿜는 향에 흠뻑 젖어 말도 잃은 채 천천히 내려왔다.

절 아래에서 산채비빔밥으로 점심 먹을 때 남편에게 손 감각의 변화를 말했다. 법정 스님 책 여섯 권을 두 번씩 읽었는데, 장대 빗속에 불일암까지 혼자 올라온 걸 보고 복을 주셨나 보다고. 남편이 들으라고 거듭 두 손을 비비며 중얼거렸다. 스님은 이곳 불일암에서 17년여를 지내시고 거처가 대중에게 알려지자, 강원도 산속 수류산방에서 17년을 보내신 걸 책에서 읽었다.

송광사 참배를 마치고 나오는 길. 이정표에 승주가 150미터 우측 앞이라고 쓰였다. 주암저수지를 끼고 도는 절경의 산속 길이다. 가까운 산과 주변 산들이 하나같이 안개를 절반쯤 뒤집어썼다. 불일암에서 내려올 때만 해도 세차게 내리던 웃비가 잠시 그치니 사방팔방이 안개 천지다. 바람 방향을 따라 흘러가던 안개가 산골짝마다 흰 구름 자투리 한 자락씩 선물인 양 흘리고 간다. 가까이 다가가면 그 안개 자락은, 사그라져 가는 연기처럼 슬며시 숲속으로 스며든다.

내 필설로는 다 표현할 수 없는 기가 찬 절경이다. 가도 가도 산속 임도에 움직이는 물체는 새까만 우리 차뿐이다. 운전에

방해될 줄 알면서도 남편에게 저것 좀 보라고 거듭 손짓한다. 마지막 코스인 남원 천년고찰 실상사로 가며 좋아하는 시 한 수 읽는다.

> 산에 사는 중이 달빛을 탐내더니
> 물 긷는 병에 달까지 담았네
> 절에 가면 금세 알게 될 거야
> 물 쏟으면 달도 없어진다는 걸
>   - 이규보, 달빛을 탐내다

인생에 선물 같은 날

 '실상사는 선종(참선)이 맨 처음 들어온 곳이다. 화엄과 선의 정신을 계승하여 실천하는 도량이고, 전북 남원시 산내면에 있다. 신라 흥덕왕 3년(828년)에 홍천국사가 구산선문 최초 가람으로 개창하였다. 독특하게도 마을 옆 논밭 한가운데에 들어서 있는 절로 국보 1점, 보물 12점 등 문화재를 보유하고 있으며 예전의 소박한 모습을 아직도 간직하고 있다. 1995년 화엄경을 전문적으로 공부하는 화엄학림을 설립하여 승가 교육에 힘썼으며, 실상사 농장, 불교계 유일한 대안학교인 실상사 작은학교, 지역공동체 운동을 선동하는 한생명 등을 통하여 한국불교의 두 축인 선과 화엄의 정신을 계승하고 있다. 그 결과 오늘날 실상사가 있는 산내면은 도시민이 가장 많이 이주한 농촌으로 전국적인 주목을 받고 있다.'

삼도 오사 순례길 마지막 코스인 천년고찰 실상사에서 사찰 안내판부터 읽는다. 이곳엔 대부분 사찰에서 보는 대웅전이 없다. 옛날에 봤던 그대로 조그만 법당문에 '보광전'이라는 현판이 붙어있을 뿐이다. 법당을 나와 절 마당에서 사방을 둘러본다. 들을 지나 꽤 떨어진 산이 서로 어깨를 맞대고 실상사를 넓게 빙 둘러쌌다. 마치 커다란 연꽃 속에 싸인 절 같다. 그냥 나오자니 아쉬워 탑을 세 번 돌고야 길 재촉하는 남편을 따라 절을 나선다.

순례길에 둘러본 사찰 모두가 빼어난 지리산 자락에 자리했다. 모두 대 선사들이 찾아낸 한국 최고의 풍광 속 대 사찰이다. 이리 좋은 곳에, 하필 장대비가 내리는 장마철에, 그것도 재촉이 몸에 배고 행동이 재바른 남편과 동행했으니 역시나 겉핥기에 지나지 않았다. 그나마 큰맘 먹고 벌인 집수리 덕에 짬 내어 떠난 길. 한 번 더 가고 싶어 맘에 두었던 사찰 여행이다. 속이 뻥 뚫리고 마음에 위안이 된다. 남편도 언제 먼 길 떠날지 모르는 아내를 배려해, 재촉하기를 참으며 종일 빗속을 군담 없이 동행했으리라.

산속 길을 따라 걸어보니 비 내리는 하루가 짧기만 하다. 여러 사찰을 돌아보고 오는 길, 불경 테이프는 피곤한 남편에게 자장가가 될까 봐, 내가 좋아하는 노래를 흥얼거리며 집으로 돌아간다. 노랫말이 좋아서 요즘 들어 부쩍 자주 듣고 따라 부르는 노래다. 오늘은 지나온 날 중에서도 최고로, 인생에 선물 같은 날이었다.

    봄 산에 피는 꽃이 그리도 그리도 고울 줄이야
    나이가 들기 전엔 정말로 정말로 몰랐네
    봄 산에 지는 꽃이 그리도 그리도 고울 줄이야
    나이가 들기 전엔 정말로 생각을 못했네
    만약에 누군가가 내게 다시 세월을 돌려준다 하더라도
    웃으면서 조용하게 싫다고 말을 할 테야

다시 또 알 수 없는 안갯빛 같은 젊음이라면

생각만 해도 힘이 드니까 나이 든 지금이 더 좋아

그것이 인생이란 비밀

그것이 인생이 준 고마운 선물

봄이면 산에 들에 피는 꽃들이 그리도 고운 줄

나이가 들기 전엔 정말로 정말로 몰랐네

내 인생의 꽃이 다 피고 또 지고 난 그 후에야

비로소 내 마음에 꽃 하나 들어와 피어 있었네

나란히 앉아서 아무 말 하지 않고 고개 끄떡이며

내 마음을 알아주는 친구 하나, 하나 있다면

나란히 앉아서 아무 말 하지 않고 지는 해 함께 바라봐 줄

친구만 있다면 더 이상 다른 건 바랄 게 없어

그것이 인생이란 비밀

그것이 인생이 준 고마운 선물

― 양희은 작사·노래 / 인생의 선물

해무海霧에 에워싸여

  오후 다섯 시 사십 분쯤, 가게 문 닫을 준비를 한다. 남편과 둘이 마무리하면 여섯 시까지는 퇴근길에 나선다. 코로나로 손님이 줄어 퇴근 시간이 한 시간은 줄었다.

  2층 건물인 국제시장 2층 가게에서 종일 지내다 보니 바깥 날씨를 가늠하기가 어렵다. 비가 오는 소리는 지붕을 두드리는 비의 강약에 따라서 다르지만 날씨 변화는 금방 알아챈다. 옥상 지붕이 압축 패널이라, 비가 조금씩 올 땐 시골 무논에서 개구리가 소리 죽여 우는 소리와 유사한 개골개골로 운치 있게 들린다. 빗소리가 제법 커지면 제 부모에게 불효한 게 들통날까 봐, 개굴개굴 천장에서 울어 쌓는다. 소낙비가 세차게 내리면 얼른 창문을 열고 비를 반긴다. 국제시장 가게 대부분이 옛날식이라 창문을 열지 못하게 이중창으로 봉해 놓았다. 탁 트인 게 좋아서 사십오 년 전쯤 가게를 확장하면서 가게 복판 창문을 시원하게 열 수 있게 개방했다. 덕분에 에어컨이 없어 그 덥던 여름철에도 시원한 바람을 쐬고, 장마철엔 소낙비를 얼마든지 감상할 수 있고, 답답한 실내 환기창으로도 그만이다.

 비가 많이 오면 손님이 없다. 손님은 없을지라도 기분은 하릴없이 좋다. 여름날의 거센 소낙비는 반갑고 볼 만하다. 2층 창문을 열고 아래층 도로를 내려다보면 더러운 4차선 도로를 순식간에 말끔하게 씻어 내린다. 소낙비는 깨어진 시멘트 사이 흙을 쪼고 쑤시며 새끼를 치느라 그 와중에도 바쁘다. 쏟아져 나온 새끼 빗줄기는 도로 낮은 가장자리로 모여 가까운 자갈치 바다로 몰려들 갈 것이다.

 바람 소리도 적나라하게 들린다. 출입구 입구라 사방에 창문이 있으니 바람 세기와 강도에 따라 문이 박자 맞춰 들썩거린다. 줄줄이 진열된 샘플 스카프나 머플러가 만국기처럼 휘날린다. 그래도 해무나 안개는 가게에서는 감지하지 못한다. 바다도 산도 멀리에 있어 보이지 않는다.

 서둘러 가게 문을 닫고 퇴근길에 나선다. 광복동을 지나 남포동 끝자락에 닿아서야 롯데백화점 건물 윗부분 일부가 해무에 휩싸여 잘려 나간 게 보인다. 백화점 건물 뒷마당이 바다와 접해 있다. 예쁜 백화점 앞길을 벗어나면 바로 영도다리로 접어든다. 영도다리에 들어서니 해무가 자욱하게 에워싼다. 300m쯤 떨어진 저쪽 부산대교도 해무에 가려 형태조차 보이지 않는다. 영도다리에서 바로 보이는 우리 아파트도 통째로 사라졌다. 마치 마법 세계에 들어선 느낌이다.

 오늘이 4월 12일이니 우리 부부가 걸어서 퇴근한 지도 1년 반이 되었다. 영도에서 30년을 살 동안 이런 해무는 처음 본다. 차를 타고 출퇴근했을 때는 모르고 지나갔을 수도 있겠다. 영도다리 왼쪽엔 부산대교가 마주하고 영도와 도심을 잇는다. 퇴근길에 산 너머 해넘이를 보는 다리 오른쪽 송도 방면도 해무로 뒤덮여 분간조차 하기 어렵다. 이런 장관은 처음 본다. 사방팔방 건물이 차츰 증발해 가는 듯, 저만치론 시야에 드는 게 아무것도 없다. 마치 도시가 사라진 것 같다. 영도다리 양방향으로 걷는 이들이 해무에 오롯이 갇혀 허공에 떠서 움직이는 느낌이다. 다리 중간쯤에 이르렀을 때, '여기서 우리 집까지 직선거리가 몇 미터나 될까' 하고 남편에게 물었다. 남편과 오늘 퇴근길에 한 대화의 전부다. 가끔, 이런저런 별 얘기도 아닌 얘기도 하며 걷던 남편도 짙은 안개에 압도당해 입을 닫았나 보다. 해무에 취해서 사진 한 장 못 찍고 온 것을 집에 와서야 알았다.

영도 끝 지점인 태종대 온천에 갈 때마다 넓은 바닷가에 면해 멋스럽게 올라가는 신축 아파트에 눈독을 들이면 남편이 말리곤 했다. 넓은 바다가 앞마당인 이런 곳은 한 달에 절반은 해무에 휩싸여 인체에도 안 좋을 거라고. 집도 가구도 빨리 망가질 것이며 소금기 머금은 가전제품도 빨리 상할 게 뻔하다고. 절경을 보는 것과 직접 사는 것은 다르다며, 집에서 바다가 절반쯤 보이는 우리 아파트가 제일 좋다고 들썩이는 나를 눌러 앉히곤 했다.

넓은 강을 바라보는 야트막한 산자락 아래 전원주택은 어떻겠냐고, 또 의중을 넌지시 전하곤 했다. 일손을 놓으면 가게가 가까워 삼십 년이나 눌러산 이 낡은 집을 떠나볼까 해서다. 요즘, 사방에서 산에 큰불이 나 산 아래 집들을 집어삼키는 걸 보며 맘속 전원주택으로 남겨놓기로 했다.

설거지하면서도 바다를 보는 우리 아파트에 최근에 재개발 플래카드가 나붙었다. 설상 십오 년 후 재개발에 들어가 새 아파트에 산다 해도, 우리 부부의 남은 삶이 받쳐주지 못할 것 같다. 인터넷 검색도 해보고 직접 돌아보기도 했지만, 입에 맞는 떡은 없었다. 어디로 가서 남은 생을 살아볼까? 멋진 풍광에 공기 좋고, 대형 병원도 가깝고, 가격도 그리 비싸지 않은 그런 곳은 어디 없을까. 이러다가 평생 여기에 주저앉는 것은 아닐까.

퇴근길에 해무에 흥건히 젖어 돌아오니 장차 우리의 주거지 선택도 해무처럼 희뿌옇다.

2부

췌장암 3기란다 / 간병인
계묘년 윤이월에 / 남편이 내 머리카락을 빡빡 밀다
병원에서 정신 줄 놓고 / 서울 빅5대 병원으로 갈 수밖에 없는 이유
心을 낳아 놓고 / 한 발은 지상에 두세 발은 허공에

시쳇말로 장삿속이라는 말들을 하지만, 장삿속 인심은 훈훈했다. 장사를 접는 입장에서 모두가 고마웠다. 직장 생활도 접으려면 맘이 싱숭생숭한데, 나라고 아무런 감상이 없던 것도 아니다. 가게 마무리하며 든 생각은, 나도 그럭저럭 인심은 잃지 않았던가 보다 하는 것이다. 다들, 오는 정이 있으니 가는 정도 있다고 들 했으니.

췌장암 3기란다

처음엔 피곤하기만 했다. 소변 색이 연한 갈색으로 변하고 황달까지 찾아왔다. 비뇨기과에서 소변검사를 하고 방광 내시경을 했다. 이상이 없다고 했다. 초음파와 CT를 신청했으나 신청자가 밀려 한 달 후에나 가능하다고 했다. 갈수록 얼굴색은 노래졌다. 급기야 단단한 바닷가 진흙처럼 굳은 회색빛 변이 내가는 팔뚝만 한 게 나와 변기가 막히는 소동까지 생겼다. 다니던 동네병원에서 혈액검사를 했더니 대학병원 응급실로 빨리 가보란다.

 아이 출산할 때 제왕절개 수술을 한 것 말고는 입원 한 번 안 해본 건강 체질이었다. 남편이 코로나로 재택 치료할 때 뒷바라지하며 가게 일까지 하느라 피곤이 겹쳐 몸살이 난 줄만 알았다.

 가까운 B 대학병원 응급실로 갔으나 담당 교수가 출장 중이라 다른 병원으로 가란다. 선걸음에 D 대학병원 응급실로 갔다. 호흡기내과 담당의는 혈액검사 결과 독성간염이라며 일주일 분 약을 처방해 주었다. 그 약을 다 먹어도 병색은 그대로인데, 더 이상의 검사도 없이 약만 일주일 분을 다시 처방해 준다. 약 성분을 좀 바꿨나 생각했을 뿐이다. 입원해서 더 검사해 보겠느냐는 말을 하긴 했다. '이러다가 죽을 수도 있는데' 하며 농담 비슷하게 말을 흐렸다.

 가게로 돌아오는 택시에서 기분이 침울했다. 젊디젊은 여의사가 한 말이 마음에 걸려 서울 사는 딸에게 이 사실을 그대로 알렸다. 딸은 당장 서울로 오라며 당일 열차표를 끊어 휴대전화기로 보냈다. 그날이 2022년 6월 3일이다.

삼성서울병원 응급실에 입원해 검사에 들어간 지 며칠 만에 바로 병명이 나왔다. 췌장암이란다. 처음엔 믿기지 않았다. 건강했다고 자신했던 내가 췌장암이라니, 쉬 납득가지 않았다. 병원에 비치된 췌장암에 관한 소책자를 세 번이나 훑어보고서야 내 몸의 증상이 췌장암이 맞다는 걸 인정했다. 증상이 나타났을 때는 이미 초기가 아니라는 것도. 4기만 돼도 수술조차 할 수 없는 난치 암이란 것도 처음 알았다.

6월 29일 아침에 수술실에 들어갔다. 7시간 50분이라는 긴 수술 시간에 보호자로 온 큰딸도 애간장이 타들어 갔을 것이다. 코로나로 보호자는 한 명만 허용되기에 남편도 부산에서 제정신이 아니었다. 형제들과 친구들, 가게 이웃들이 내 안부만 물어도 갑자기 닥친 황당함에 남편은 울음보가 터졌더라고 했다. 친구들도 전화하다가 울고, 남편도 따라서 울더란다.

당장 간 수치와 황달 수치가 높아 위험하다고 했다, 이들 수치가 내려가야 수술도 할 수 있나 보았다. 췌장과 담낭을 잇는 관에 스텐트 시술을 했다. 얼굴색과 소변 색이 원래대로 돌아오자 스텐트 시술을 한 채 부산으로 급히 내려왔다. 위험하다며 말리던 딸도, 하는 수 없이 환자인 엄마의 일을 돕기 위해 한창 손이 가는 아이들과 남편을 두고 따라나섰다.

결혼 전부터 몸담고 일군 도소매 가게를 정리해야 했다. 폐업하려면 6월 말과 12월 말에 해야 정산이 쉽다. 6월 말까지 폐업하겠다고 신고해 놓고 가게 정리에 들어갔다. 남편과 하는 일이 나뉘어 있어서 어느 제품이 어느 공장 것인지 남편은 아예 모른다. 내가 폐업 신고를 어떻게 하는지 모르듯이.

잔고가 남아있는 공장들은 가게를 폐업하는 경우엔 지난해 제품과 올해 제품까지는 반품할 수가 있다. 내가 각 공장 물건을 추려내서 헤아려 주면 딸은 숫자를 한 번 더 확인하고, 남편은 박스에 넣어 묶었다. 3일간 꼬박 반품을 끝내고, 딸을 서울로 먼저 보냈다.

도매상을 하면서 오래도록 공장과 직거래했다. 가게 폐업을 앞두고 현금으로만 거래하던 공장들에도 가게 문을 닫는다고 전화로 인사했다. 뜻밖에도 몇 공장은 그동안 거래를 잘해 주었으니 남은 물건을 반품하라고 한다. 잔고가 없으니 돈으로 돌려주겠단다. 생각지도 않은, 고마운 이들이다.

그들 공장이 팔 수 있는, 오래되지 않은 제품만 챙기는 데도 이틀 남짓 걸렸다. 이웃 가게의 친구가 내 가게도 인수했다. 오래된 재고는 공짜로 넘겨주고, 공장에 반품할 수 없는 조금 남은 인기 상품만 공장 원가보다 훨씬 싸게 인수시켰다. 모든 게 순조롭게 속전속결로 끝났다. 앞뒤 가게 7칸 정리를 다 끝내놓고 수술 이틀 전에 병원으로 가서 다시 입원했다.

서울 사는 언니는 그 큰 가게를 아픈 몸으로 며칠 안에 다 끝냈다고, 나무라고 야단이다. 몸 생각하지 않는 무지한 동생이라 노란 신문에 낼 일이라고 몇 번이고 혀를 찼다. 내 성격이 매사에 깔끔한 게 좋으니 더 미룰 수도 없었고, 미룰 일도 아니었다.

시쳇말로 장삿속이라는 말들을 하지만, 장삿속 인심은 훈훈했다. 장사를 접는 입장에서 모두가 고마웠다. 직장 생활도 접으려면 맘이 싱숭생숭한데, 나라고 아무런 감상이 없던 것도 아니다. 가게 마무리하며 든 생각은, 나도 그럭저럭 인심은 잃지 않았던가 보다 하는 것이다. 다들, 오는 정이 있으니 가는 정도 있다고들 했으니.

다행히 수술도 잘 끝났다. 수술 전, 옆 장기엔 전이가 안 됐다고 해서 요행을 바랐다. 막상 열어보니 임파선에 두세 방울 튀었다며 3기 진단을 내렸다. 췌장 머리 부분과 담낭 일부, 십이지장은 윗부분만 조금 남기고 절제하는 대수술이었다. 수술명은 췌·십이지장 수술이다. 췌장암 환자의 20%만이 수술할 수 있다니 불행 중 다행이다.

　11월 29일 현재, 수술한 지 꼭 5개월 째다. 항암치료 절반을 넘긴 검사에서 전이 없이 잘 치료되고 있단다. 수술 후 80%가량이 2년 안에 사망한다는 통계도 있으니 마음 놓을 일은 아니다. 총 12차 항암치료 중에 어제 7차 항암치료를 받고 부산 집으로 왔다. 다른 환자들이 흔히 경험한다는 구토, 설사 같은 증상들이 나타나지 않아 그도 다행이다. 잘 먹고, 잘 자고, 잘 비우고, 운동도 잘한 덕이지 싶다.

　유튜브에서 췌장암이 예후도 나쁜 사망 5위의 난치병이라는 글귀를 보았다. 췌장암 3기의 5년 생존율이 13.9%라고도 했다. 세계 1위를 자랑한다는 서울대병원의 췌장암 전문의나 국립암센터 통계에서 나온 수치니 믿을 수밖에 없다. 기초체력이 중요하다니, 나도 그 생존율에 들 수 있을 거라 나 자신을 믿어 본다. 의학도 날로 발전하고 있다. 별로 환자 같지 않은 내가 어쩌면 그 기록을 깰지도 모른다는 희망을 품어 본다.

　처음 항암치료에 들어가기 전에 담당 교수가 한 말이 있다.

센 항암제와 약한 항암제가 있는데 선택하라고. 두 가지 치료제의 장단점을 물었다. 약한 항암제는 50%가 항암치료 중에 재발 위험 확률이 높고, 센 항암제는 50%가 5년 생존율이 20%에 가깝다고 했던 것 같다. 무슨 자신감에서인지 센 항암제를 선택했다. 6개월간 12번의 항암치료를 받아야 한다. 독한 약을 쓰다가 부작용이 심하면 용량을 줄이거나 시간을 늘일 수 있다 하니 항암치료 시간이 늘어날 수도 있겠다.

나는 또래들이 겪는 잔병도 별로 없으니 잘 극복하리라. 사람의 명은 정해져 있는 것이라 믿는 편이다. 하늘에서 주어진 내 명대로 살다가 내일 눈을 감는다 해도 아무 여한은 없다. 다만, 이번 내 갑작스러운 발병으로 충격받은 남편과 딸이 나로 인해 더 큰 혼란은 겪지 않았으면 좋겠다.

몇 달 후면 내 나이가 일흔셋이다. 이제 죽어도 아까울 나이도 아니다. 일도 실컷 해 봤고, 돈도 실컷 벌어봤고, 한이었던 공부도 실컷 해 봤다. 그 바쁜 와중에도 책을 세 권이나 냈다. 이만하면 잘 살았다고 생각한다. 고통을 받으면서 오래 산다고 행복한 삶은 아닐 것이다. '두 발로 걸어 다닐 수 있을 때까지가 인생'이라 하지 않던가. 내 발로 걸어 다니고 큰 고통 없이 살다가 갔으면 하는 게 바람이다. 너무 바쁘게만 살다 보니 온 가족이 함께 여행 한 번 제대로 못 다닌 게 아쉽고 미안할 뿐이다.

수술 후 큰딸 집에서 두 달 가까이 신세를 졌다. 서울 사는 형제들이 교대로 몸에 좋다는 반찬을 갖다 주더니, 부산 집에 오니 택배 행렬이 또 줄을 잇는다. 전복 사과 배 대봉감 고구마 망고를 박스째 보내온다. 같은 지역에 사는 친구들은 죽 떡 과자 소고기 등을 교대로 들고 온다. 남편과 둘이 다 먹지 못해 먼저 들어온 것을 나중에 들고 오는 이에게 나눠줄 지경이다.

사방에서 걱정하며 기도해 주는 이들이 넘치니 예후를 기대해도 좋으리.

간병인

　지난 해(2022년) 6월 초 삼성서울병원에서 췌장암 진단을 받았다. 상태가 급박한지 수술 일자를 바로 통보해 주었다. 췌장암이란 게 수술도 빠를수록 좋고, 수술할 수 있는 것만도 천만다행이라는 말도 덧붙인다. 이미 증상이 나타났을 때는 늦어서 수술할 수 있는 환자는 겨우 20% 정도 밖에 안 되는 난치병이란 것도 나중에야 알았다. 7시간 50분이란 긴 시간 수술을 마치고 중환자실에서 이틀을 지내고 일반병실로 옮겼다.

중환자실에는 큰딸이 들락거렸다. 허나, 수술 후 입원한 13일 동안 한창 손이 가는 아이들과 바쁜 남편을 놔두고 엄마 곁에 밤낮으로 머물 수도 없는 노릇이었다. 코로나 여파로 간병인으로 등록되면 외부로는 나갈 수도 없어 부득이 간병인을 쓰기로 했다.

일반 2인실로 옮겨오니 간병인이 먼저 와 있었다. 처음 이삼일은 너무 아파서 서로 인사만 간단히 했다. 간병인 생활 8년째라는 그녀는 자신의 임무가 철저히 몸에 배어 있었다. 환자의 일과를 기록하는 것은 기본이고 병실 벽에 붙여둔 기록지에 하루 대소변 횟수와 양까지 체크한다. 먹는 식사량과 물의 양, 운동시간도 일일이 적었다. 며칠이 지나 혼자서 화장실을 가려 해도 절대로 허락하지 않는다. 입원실 안 화장실 앞에서 기다렸다가 내가 대충 알려준 대소변량을 기록하고서야 자기 자리에 가서 앉는다.

암 환자 병동에서는 식사 후 20여 분 앉아서 쉬고, 복도로 나가 20~30분씩 걷는 운동을 필수로 해야 한다. 내 경우도 췌장 머리 부분과 담낭 일부, 십이지장은 머리 부분만 남기고 절제하는 대수술을 했다. 그러니 소량을 먹어도 소화가 잘 안 돼 매 끼니마다 걷기운동은 꼭 해야 한단다. 수술 후 며칠간은 환자 낙상 사고를 우려해 간병인이 따라붙는 게 필수다. 퇴원을 며칠 앞두고는 혼자 걷는 게 편하다고 아무리 강조해도 소용이 없다. 자기도 운동해야 한다며 잔소리를 입에 달고 기어이 내 뒤를 따라 걷는다. 환자 혼자 내보냈다가 사고라도 나면 간병인이 찍힌다며 고집이다.

퇴원 3일 전, 점심 먹고 혼자 운동할 테니 맛있는 것 사 먹고 오라고 점심 값을 손에 쥐여줬다. 며칠 전처럼 사양하다가 마지못해 받아든다. 며칠 분의 식사를 싸들고 일터로 와서 병실 냉장고에 넣어 두고 데워 먹는 그녀가 안쓰럽던 참이다.

혼자 복도를 걷는데 간호부장이라고 들은 중년의 예쁜 여선생이 내 옆에서 걸으며 말을 건넨다. "그 간병인 시집살이가 보통이 아닐 텐데 괜찮으세요." 한다. "아, 예. 괜찮습니다. 말은 좀 많지만 부지런하고 자기직업에 철저한 사람 같습니다. 오늘은 겨우 떼어놓고 혼자 나왔어요."라고 웃으며 말했더니, "다행이네요." 하고 웃으며 지나쳐 간다. 암 병동에서도 별난 간병인이라고 소문난 것 같다. 내가 보기엔 몸과 입이 부지런하고 자기 임무에 최선을 다하는 사람이다. 단지, 환자에게 자기가 시키는 대로 안 한다고 버럭 성질을 내는 타입이다. 언젠가는 환자와 다투어 약속한 날짜를 채우지 못하고 가버린 적도 있었다고 말한다. 자기 말을 잘 들으라는 뜻으로 들렸다. 누구에게나 장단점이 있기 마련이다. 나도 그럴 것이다. 순간을 참지 못하고 발끈했다가 돌아서서 뉘우친 게 한두 번이 아니다.

병원 생활 절반쯤 접어들 때다. 낮에 하도 무료해 하기에, 챙겨온 최근에 나온 내 수필집 2권을 보라고 선물로 건넸다. 그런데 예전에 어느 환자가 여기 책 보러 왔느냐고 잔소리를 심하게 하더란다. 그 후로 좋아하는 책도 안 가지고 다닌다고. 그러던 그는 내 책을 다 읽고서 자기 신상을 털어놓기 시작했다. 고향도 같은 경상남도에다 내가 사는 부산과도 한 시간 거리인 지역이다. 두 살 아래인 그녀는 그때부터 나를 여사님에서 언니라 바꿔 불렀다. 간병인이 된 경위와 별의별 입원 환자들 얘기와 간병인이 될 수밖에 없었던 자신의 얘기를 술술 털어놓는다. 모처럼 잘 통하는 고향 언니를 만난 것 같다며, 환자들이 다 언니만 같다면 이 일도 오래할 수 있겠다며 추켜세운다. 종부리듯 하는 까탈스러운 환자를 한 열흘 접하고 나면 당장 일을 그만두고 싶은 충동이 인다고. 그렇지만 목구멍이 포도청이라 그러지도 못한다고.

  그는 명문 여고 졸업(50년 대 초반 출생들은 명문여고를 졸업하면 좋은 직장에 취직할 수 있었다)후 은행에 취직했고 은행에서 만난 동료와 결혼하고 잘 살았단다. 그러다 운전 사고로 어린이들이 다쳐 보상해 주고, 은행을 퇴직했단다. 남편도 조기 퇴직해 퇴직금으로 증권에 손댔다가 다 날렸단다. 이후 고향을 떠났다고 한다. 친구들은 다들 잘나가고 있는데 간병인이란 직업 때문에 동창들과 소식 끊은 지도 오래됐다고 풀죽어 말한다. 직업에 무슨 귀천이 있냐고 했더니 당사자 입장은 그렇지 않단다. 그녀의 동창생 중에는 부산에선 꽤 알려진 작가도 있었다. 일하면서 만난 별별 성향의 환자들 얘기도 하소연 하듯 풀어놓는다.

  중환자실에서 일반실로 옮기는 날, 신청한 2인실이 없어서 6인실에서 하룻밤을 지냈다. 앓는 소리, 코고는 소리, 마사지 기계소리, 간호사가 드나드는 소리로 숙면을 취할 수 없었다. 그 넓은 병원엔 주로 2인실이 많았다. 몇 년 전부터 2인실도 의료보험 혜택을 받을 수 있어 병원비도 저렴한 편이다. 물론, 2인실도 부담이 되는 이들도 있을 것이다. 병실이 없을 때 잠시 머물다 가는 병실이 복도 양쪽 끝으로 쭉 배치된 6인실인 듯했다. 반대편 복도 끝에는 vip실과 특실, 1인실이 각 하나씩 있는 것 같았다. 하루에 세 번씩 이 복도를 6~7 바퀴를 돌며 운동량을 채웠다. 눈을 반쯤 감고 걸어도 어디쯤이라 짐작할 때쯤 퇴원했다. 완전하지 못한 몸으로 퇴원했다가 부산에서 서울까지 앰뷸런스를 타고 상경하는 일은 없어야 하겠기에.

충분히 회복해서 퇴원하고 싶은 내 바람과는 달리 간병인은 한 이틀 퇴원이 늦어질 기미가 보이니 안달하기 시작했다. 언니는 몸 상태가 좋으니 퇴원을 당겨 달라고, 교수님 회진 때 부탁하라고 나를 닦달하다시피 했다. 그녀의 상황도 충분히 이해하지만 내 고집도 만만찮다. 간병인 없이 환자만 입원해 있을 수 없는 게 병원의 규칙이라 어쩔 수가 없다.

입원한 지 열이틀째 되는 아침 회진 때, 오후에 퇴원하라는 전갈을 받았다. 바로 그녀부터 내보냈다. 수고비는 넉넉히 통장으로 보냈다. 최근 3~4년 새 간병비도 가파르게 인상되었단다. '간병 살인' '간병 파산' '간병 지옥'이라는 시쳇말이 시중에 나돌 정도다. 그러나 간병인들은 한 달 내내 일을 할 수도 없다. 좁은 침상에서 열이틀이나 쪽잠을 잤으니 얼마나 피곤했을까 이해된다. 이러니 간병인 수요를 충족할 수가 없다. 40%나 중국 교포에 의존하는 현실이란다.

  그들의 희생이 있어 많은 환자가 급할 때 도움을 받는다. 이들 간병인에게 너무 까칠하게 대하지 않았으면 좋겠다. 누구에게나 삶의 변수가 닥칠 수 있는 일. 잘 살다가, 들이닥친 변수로 고향을 떠나 간병인 일을 하는 그에게 응원을 보낸다.

계묘년 윤이월에

　계묘년 윤달 2월, 부부 수의를 지어 두려고 국제시장을 찾았다. 오십여 해 몸담았던 같은 지붕 아래, 지인이 하는 가게라 가격 흥정할 것도 없고, 몸 치수만 재면 그만이다. 옛날에 친정어머니가 손수 짜 주신 삼베가 있어 남편 수의 감은 바느질 삯만 내면 된다. 삼베가 질 좋은 국산이라 돈 주고 사려면 아주 비싸고, 바느질도 까다로워 삯도 좀 비싸다고 말한다. 어차피 화장해서 태울 텐데 내 수의는 보통 것으로 해달라고 주문했다.

그 어머니 대를 이어 포목점을 하는 지인도 코로나로 내리 3년째 불경기다. 요즘은 한복 입는 이도 줄어 재고 원단이 많으니, 원단 원가 따지지 않고 싸게 해주겠다고 한다. 색상도 권하는 대로 내 수의 한복 한 벌은 연한 연두색으로, 두루막은 연한 핑크빛으로 정했다. 이불은 남편과 같은 연 아이보리로 맞춰두고 돌아왔다. 수의 한 벌에 따르는 의복이 그렇게 겹겹이 많을 줄은 몰랐다. 옷 한 벌, 두루막, 팬티, 속바지, 수건, 버선, 이불…, 한 사람에게 17~18가지가 필요하단다. 이승 떠날 준비가 수월치 않다.

수의는 원래 자식이 하는 거라고 들었다. 부모가 마지막 가는 길에 옷 한 벌 해 드리는 효도하는 기회를 주는 셈인가. 요즘은 윤달에 수의를 장만해 두면 좋다 해서 대부분 일흔이 넘으면 손수 수의를 지어 둔다고 한다. 그렇다고 자식들이 부모가 연로하니 수의를 지어 두자고 말할 수도 없는 일이다. 미리 해 두면 오래 산다고도 하니, 그렇게 따르는 추세인 것 같다. 졸지에 초상이 나면 자식들이 당황한다. 해서 장의사가 시키는 대로 따르게 되면 보통 옷감도 최고급으로 둔갑할 수도 있을 것이다. 자식 염려도 내 시름도 덜어놓고 볼 일이라 준비해 두는 것 같다.

더구나 나는 췌장암 3기로 대수술을 받았다. 옛날엔 불치병이라 했는데 의학이 날로 발달해 그나마 난치 암으로 희망을 걸게 했다. 올 음력 이월 초에 일흔셋 생일을 통과했다. 언제 무지개다리를 건너 피안의 세계로 가더라도 아까울 나이도 아니다. 수술이 잘 끝나도 2년 안에 85%가 생을 마감한다는 통계도 있다. 생전에 할 수 있는 일은 자식들이 신경 안 쓰게 미리 다 해 둘 참이다. 내가 평소 건강 체질이었다고 해도 그 희박한 생존자 안에 꼭 든다는 보장도 없지 않은가. 마침 닥친 윤달이니 마지막 가는 죽음길에 입을 옷을 어찌 장만해 놓지 않으랴.

윤달이라고 수의를 많이들 하나 보다. 딴에는 서둔다고 했는데도 내가 주문한 수의는 윤달이 끝나는 양력 4월 19일에야 다 됐다고 연락이 왔다. 손이 많이 가는 남편 삼베 수의는 재단만 해놓고, 윤달을 넘기고 하는 수밖에 도리가 없다고 양해해 달란다. 다들 그렇게 한다며 이해해 달라니 도리가 없다. 내가 환자이니 내 것부터 먼저 한 것 같다.

한복 맞춤 가게가 평소엔 불경기라 놀다시피 하다가 윤달에 일감이 밀려드니 일단 주문은 받고, 윤달에 옷감 재단만 해 두고는 좀 봐달라고 떼를 쓰는 것 같다. 내가 먼저 떠나고 없으면 삼베 수의는커녕 평상시 입던 옷이면 충분하다고 할 남편이다. 그 고집을 꺾은 것만도 다행이다 싶어, 윤달 안에 마무리해 주기로 한 약속 일자 어긴 걸 탓하지는 않았다.

예부터 윤달엔 꼭 해야 할 일들이 있었다. 산소를 손보는 일과 산소 이장이다. 윤달이 아닐 때 건드리면 산소 탈이 난다고 절대로 하지 않는 일이었다. 폭우에 산소가 허물어져도 언감생심 함부로 손을 댈 수 없어 임시방편만 해뒀다가 윤달이 돌아오면 맘 놓고 손을 봤다. 반면, 집안에 초상이 나서 묘를 합장할 때는 윤달이 아니어도 묘에 손을 대도 괜찮다고 했다. 또, 윤달이 오면 불교도는 삼사 순례에 나선다. 하루에 부산 양산 밀양 등 지역이 다른 세 군데 사찰을 참배하는 의식 같은 것이다.

윤달에 하지 말라는 일도 있다. 결혼식도 윤달엔 잘 하지 않는다. 요즘은 아기도 윤달을 피해 낳으려고 하는데, 결혼기념일과 생일을 제때 못 찾아 먹을까 봐 그러는 것 같다. 예전에 윤달은 무얼 하면 좋다더라 해서 기다려지는 달이었다. 특별히 가리는 달도 아니었다. 시골에서 자랄 때 윤선이 윤자…, 윤달에 태어난 아이들 이름자에 윤 자를 붙여주는 것만 봐도 윤달은 기피하는 달은 아닌 게다.

하여튼 윤달은 일 년에 공달 같은 한 달이 더 들어 이래저래 마음이 푸근하기도 한 달이다. 음력으로는 분명히 한 달 더 있는 13개월이기 때문이다. 연말에 가서 보면 그 윤달 공달이 어디로 숨어 섞여 들어갔는지 사라져 신기할 때도 많았다. 올해는 그 윤달이 슬쩍 내빼기 전에 최고로 활용을 잘했다. 자꾸 미루기만 한 수의도 지어놓았고, 삼사 순례도 다녀왔다. 몸이 아프니 다음에 올 4년 후 윤달을 맞이할 수 있을지는 아무도 모르는 일이다. 생애 마지막이 될지도 모르는 윤달이여, 안녕히 잘 가시라.

내 삶의 끝이 언제일지 모르나, 그날이 오면 올 계묘년에 맞춰둔 수의를 정갈히 입고 그대 뒤를 따르리니.

남편이 내 머리카락을 빡빡 밀다

췌장암 항암치료가 끝났는데 10개월이 지나 간암으로 전이 됐다. 췌장암 항암 때는 머리카락이 조금 빠지더니, 두 번째 항암 후엔 머리카락이 숭숭 빠졌다. 남편은 평소 본인 머리카락도 바리캉으로 잘 민다. 해서 남편에게 머리 미는 일을 믿고 맡겼다.

욕실에 신문지를 깔았다. 그가 시키는 대로 낮은 앉은뱅이 의자에 눈을 감고 앉았다. 스르륵 스르륵, 몇 번 기계음이 들리더니 벌써 끝났단다. 십여 년간, 자기 머리를 스스로 밀더니 그간 기술자가 다 됐다. 내 민머리를 거울로 보다가 화들짝 놀랐다. 아이구나, 저 사람이 내가 맞나? 천하에 못생긴 돌 중 하나가 거울 속에서 나를 빤히 마주 보고 서 있다. 마치, 넌 누구냐고 되묻는 것 같다. 머리 민 내 모습에 적응하려면 한참 걸릴 것 같다.

독한 항암을 지속하면 눈썹이고 속눈썹이 다 빠진다는 말도 암 환자 수기에서 읽었다. 암이 무섭긴 무섭구나 싶다. 항암치료는 약이 아니라 독극물을 쏟아붓는 것이라고, 다른 암 환자 수기에서 본 것 같다. 이 약이 암만 때려잡는 게 아니라 유익한 세포들도 같이 죽이기 때문에 항암치료는 점점 힘들어질 거라고 짐작한다.

외모야 원래 모자 쓰는 걸 좋아해서 외출 때는 모자로 위장하면 될 것이다. 타고난 진한 눈썹 덕분에 외출할 때 눈썹은 살짝 손만 봐도 됐다. 앞으로 민 눈썹이 되면 참 꼴불견이겠다. 그때는 눈썹연필로 눈썹을 그리든지 방도가 있겠지. 늙고 병들어 힘든데 이까짓 외모 때문에 고민할 땐가.

췌장암 3기 2년 생존율이 14%가 되니 안 되니 한다. 요즘은 체험 수기 같은 게 워낙 많아서 미리 걱정하고 예상하게 되는 안 좋은 점도 있다. 이런 정보들이 희망을 주기도 하지만, 설부른 좌절도 부르지 않나 싶다.

췌장암 항암이 잘 끝나고 십여 개월은 몸이 거뜬했다. 잘하면 행운의 14% 안에 들어 건강하게 살아갈 수도 있겠구나 하는 희망도 가져 본다. 타고난 건강한 체질이라며 자신했다. 항암치료 중에도 다른 이들이 겪는다는 힘든 과정도 수월하게 지나가서 더 그리 생각했는지 모른다. 그래도 역시 암 앞에서 안심할 단계는 아니었다.

간으로 전이되었다고 판정 난 날, 항암 교수가 진료 후에 보호자인 남편만 따로 불렀다. 환자가 직접 듣지 않아도 알 듯한 비밀 얘기를 남편에게 했던가 보다. "아내에게 남은 시간이 10개월에서 1년밖에 남지 남았다."라고 의사가 말했단다. 짐작은 하고 있었기에 크게 놀라지는 않았다. 남편은, 자기 친구 아내는 6개월 판정받고서도 6년째 살아있다며 나더러 의사 말 다 들을 게 못 된다며 힘내란다. 그 친구 아내는 췌장암이 아니고 좀 수월하다는 암이긴 하다.

내게 남은 시간이 그리 많지 않을 것 같다. 벌써 1년 전에 유서를 써 두었다. 한데 그것이 법정 효력이 없다 하니 아무래도 내 명의 재산을 두 딸에게 증여하고 떠날 준비를 해야겠다. 생의 마무리를 잘할 수 있게 사실을 알려준 남편, 그 말을 전한 남편 마음도 오죽할까 싶다. 하나하나, 정리할 걸 챙기고 있다.

병원에서 정신 줄 놓고

 2023년 4월 초에 췌장암 항암치료가 무사히 끝났다. 한데 10여 개월 지난 2024년 2월 22일 정기 검진 결과 암이 간으로 전이됐다고 판명되었다. 1cm 크기에 희미하게 비치는 암세포도 한두 개 보인단다. 바로 항암치료에 들어갔다. 췌장암 3기 항암치료 때는 2주에 한 번꼴로 받았다. 한 번에 4시간씩 받다가 전체 치료 12회 중 중반쯤에 이르렀을 때, 항암 주사 도중에 배가 조금 아프다고 하니 그때부터 7시간으로 늘여서 맞았다.

그거와는 따로 정맥 항암 주사 포트를 가슴에 병째 달고 부산으로 돌아왔다. 다음 날, 가까운 영도병원에 가서 포트를 뽑아야 하는 번거로움을 매번 겪어야 했다. 한 달에 두 번 치료하자면 검사하는 것까지 적어도 세 번은 서울행이다.

전이된 간암은 같은 치료 방식이 아니다. 성분이 다른 두 가지 주사(아브락산, 젬시타빈)를 각 30분씩 연달아 맞는다. 항암 주사약을 씻어 내리고 부작용도 줄인다는 수액 주사를 5분쯤 하나 더 맞으면 끝이다. 시간이 많이 줄었다. 대신, 일주일에 한 번씩 3회를 맞는 게 한 세트란다. 두 세트를 맞은 후 다시 검사한다. 약 반응에 따라 이대로 치료할지, 유전자 검사 결과를 보고 더 나은 항암치료로 변경할지 모르는 입장인 것 같다. 이 순서가 반복되니 환자로서 지친다.

항암 담당 교수도 자세한 설명은 해주지 않는다. 10분에 중환자 셋을 진료하는 실정이니, 어련히 알아서 치료해 주겠지 하는 마음으로 더 묻지도 않는다.

간암 2차 항암치료를 하러 갔다가 항암 예약 대기실에서 정신줄을 잠시 놓았다. 남편이 말하기를, 정신을 놓은 시간이 대략 1

분은 안 될 거라고 했다. 항암치료 대기실은 늘 줄잡아 50여 환자와 보호자가 자리를 꽉 메우고, 더러 서서 대기하기도 한다.

내 차례가 30분 앞으로 다가오자, 언제나처럼 화장실을 다녀왔다. 주사 예약 시간이 오후 1시인데도 싸 간 간식만 조금 먹었을 뿐이다. 점심은 생각이 없어 치료가 끝나고 먹기로 했다. 전에 없이 기운이 좀 가라앉았다. 대기실 혈압측정기에서 혈압을 쟀다. 최고 혈압이 88로 나오고 최저와 맥박도 생전 처음 보는 숫자로 찍혀 나왔다. 설마 이 큰 병원 암 환자 대기실에 기계가 고장일 리 없겠다 싶어 재측정했다. 이번엔 최고 혈압이 78로 더 떨어졌다. 최저와 맥박도 정상과는 수치가 한참 멀었다.

아무래도 아니다 싶어 번호표를 빼고, 창구 담당 간호사에게 혈압 측정지를 내밀었다. "내 혈압이 이렇게 나오는데 항암 주사를 맞아도 됩니까?" 하고 내 의사를 반쯤 말했을까, 그만 정신을 잃었다. 담당 간호사와 눈을 마주 보며 얘기하던 중 눈 초점이 흐려지며 눈을 감았나 보다. 간호사가 놀라 뛰어나오고 주위에 도와 달라 소리치니, 바로 앞 의자에 앉았던 남편이 놀라 뒤에서 나를 붙들고 간호사 몇 명이 달려와 나를 땅바닥에 눕혔다.

눈을 떴을 때는 간호사들이 웅성거리며 "응급실, 응급실" 하며 누운 나를 내려다보고 있었다. 밀고 다니는 병실 의자도 도착해 그 위로 옮겨졌다. 수액 주사가 팔뚝에 꽂혔다. 혈압이 차츰 올라가니 응급실은 면한 것 같다. 황급히 연락받은 항암 담당 교수도 잠시 나를 보고 갔다. 오늘은 항암 주사를 맞을 수 없으니 집에 갔다가, 혈압이 정상으로 돌아오면 3월 5일에 다시 항암치료를 하러 오란다.

　차츰 정신이 들자, 정말 이러다가 죽을 수도 있겠구나 싶다. 병원 안이라 남편도 덜 놀랐을 것이다. 사람의 명이란, 잘 쉬던 숨을 한숨 잘못 놓으면 그대로 가는 것이구나 싶었다. 차라리 아무 고통 없이 이렇게 가는 것도 나쁘지 않겠다고, 걱정하는 남편에게 웃으며 말했더니 무슨 얘기냐며 나무란다. 남편은 내가 항암치료 중에 남들이 겪는다는 고통을 덜 겪는 것도 고맙고, 아직도 세끼 밥 잘해주고 설거지까지 맡아 해줘서 고맙단다. 이 나이 되면 다들 병 한둘은 혹처럼 달고 사는 형편이다. 우리도 여행 다니는 셈 치고, 치료 잘 받으러 다니고 오래도록 같이 살자고 덧붙인다.

　남편 말이 진심인 걸 안다. 현실에 부딪히면 다 살게 돼 있다고들 하지만, 남편은 나 없이는 하루도 집에서 밥해 먹고 살 위인이 못 된다. 다시 맘을 다잡는다. 남편을 위해서라도 사는 날까지 잘 버텨 보자고.

오라던 3월 5일, 오전 일찍 병원에 도착했다. 늘 그랬듯이 혈액검사부터 한다. 교수 진료 3시간 전에 피검사는 마쳐야 하기 때문이다. 혈액검사 결과, 혈액이 많이 모자란단다. 피 주사를 두 팩 맞고 항암 주사도 맞으란다. 암이 오기 전부터, 건강체질이라 여겼던 내게 빈혈이 약간 있었으며, 한때는 저혈압이 있었다고도 했다. 그걸 여태 모르고 살았다. 수혈 두 팩 맞는 데 세 시간이 소요돼 항암 주사도 같이 맞았다.

수혈하며 아무리 잠을 청해 보려 해도 뭇생각에 정신은 산만하다. 지난해 8월에 3일 동안 혈변을 보다가 겁이 나 삼성서울병원 응급실로 올라갔다. 검사 끝에 별 이상은 없고 피만 매우 부족하다고. 그날 수혈을 세 팩이나 맞고 왔다. 이번이 생전에 두 번째 하는 수혈이다. 쓰러지기 이틀 전에도 검은 변을 봤다. 지난해처럼 많은 양도 아니고 혈변도 아니었다. 병원 예약일도 맞닿아 있어 담당 교수 진료 때 그 얘기를 했다. 교수도 고개를 갸우뚱할 뿐이었다.

이름도 얼굴도 모르는 남의 피를 내 몸에 넣고, 내 생명 줄을 또 이었다. 아무래도 젊은이들 혈액일 가능성이 크다고 본다. 그 싱싱한 피가 몸속 혈액과 희석돼 몸이 일시적으로나마 나아진다면, 나는 세상에 또 빚지는 셈이다. 자발적으로 헌혈에 참여하는 학생들이나 군인들도 많다고 한다. 생활이 어려워 돈 몇 푼 때문에 헌혈하는 이들도 있다고 들었다.

내가 할 수 있는 일도 뻔하다. 건강할 때 내 치료비 정도는 걱정 없게 마련해 놓았다. 하지만, 우리 집 재무 담당은 남편이다. 언젠가 그에게 기부금에 관한 얘기를 꺼낸 적이 있는데 일언지하에 거절했다. 이유는 우리 형편에 맞게 적절한 기부는 늘 하고 있다는 거다. 앞으로 우리에게 어떤 일이 닥칠지 모르는데 약간의 여유 자금은 있어야 한다는 게 그의 생활철학이다. 이도 맞는 말이다. 내가 얼마나 살지 확실히는 모르지만, 내가 떠난 후 남편에게 행여 병이라도 온다면 간병인은 순전히 돈으로 때워야 한다. 나 때문에 고생하는 남편에게 이러쿵저러쿵 토를 달 형편이 아예 못 된다.

전이된 간암도 췌장암처럼 좀 수월하게 치료할 수 있으면 하고 빌 뿐이다.

서울 빅5대 병원으로 갈 수밖에 없는 이유
- 난치병을 만나

2022년 5월 27일, 동네 단골 병원에서 혈액검사 결과가 심상치 않다고 바로 큰 병원으로 가보란다. 가까운 B 대학병원 응급실로 선걸음에 남편과 함께 달려갔다. 얼굴이 노란 환자가 작은 병원의 소견서를 들고 왔는데도 담당 교수가 한 명도 없다며 다른 병원으로 가라고 한다. 다시 택시를 타고 인근 D 대학병원 응급실로 직행했다.

오전 이른 시간이었지만 혈액검사 결과는 오후 1시가 다 돼서야 나왔다. 독성간염이란다. 소화기내과 담당의는 다른 검사는 더 해 볼 생각조차 없어 보였다. 전기장판을 장기간 깔고 잤는지, 음식은 짠 젓갈류 같은 걸 자주 먹었는지 따위의 환자 근황만 꼬치꼬치 물었다. 그래도 큰 병은 아닌 것 같아 안심하고 처방대로 약 일주일 분을 지어 돌아왔다. 7일분 약을 다 먹고도 황달기와 연한 콜라 빛 소변 색은 그대로였다.

첫날 병원에 갈 때는 남편도 놀라서 같이 갔는데 일주일 후에는 혼자 갔다. 도매상 일을 부부가 하고 있으니 장시간 문을 닫아둘 수 없다. 소매상 단골들이 급한 물건 구하러 다른 가게로 빠져나가기 때문에 둘 다 가게를 비울 형편이 안 되었다. 남편은 병원에 아내 혼자 보내면서 맘이 안 놓였던가 보다. 몇 가지 의문점을 메모해서 손에 들려주며 의사에게 보이고 답을 받아 오라고 한다.

1. 간 수치가 얼마나 됩니까?
2. 혈액검사 결과가 정확히 뭡니까?
3. 복부 초음파 등 검사를 해서 간이나 어떤 정확한 상태를

봐야 하지 않겠습니까?

이 세 가지 질문에 담당의가 달아준 답은

1. 318/153
2. 독성간염
3. 하긴 해야 함.

이렇게 간단했다. D 병원 기록지와 그 메모지를 서울 큰 병원에 갈 때 가져갔다. 병실이 없어서인지 입원해서 검사를 더 해보자는 간곡한 권고도 없었다. 다만, "이러다가 죽을 수도 있는데"라는, 농담 비슷한 얘기를 미소 띤 얼굴로 혼잣말처럼 흘렸다. 약 일주일 분을 더 먹어보자고 했다. 환자야 의사가 시키는 대로 할 뿐, 다른 방도가 없다. 처방 약 내용을 약간 바꾸었나 생각한 정도다.

다시 약 일주일 분을 지어 돌아오는 택시 안에서다. 불혹을 넘겼을까 싶은 젊은 여의사가 아무래도 믿음이 가지 않았다. 서울에 사는 딸에게 전화하니 당장 그 병원에서 소견서를 떼어 오늘 바로 서울로 오란다.

점심을 먹고 다시 담당 의사를 찾아갔으나 만나지 못하고 소견서만 뗐다. 서류 담당 직원은 왜 여기서 치료를 안 하고 서울로 가는지를 꼬치꼬치 물었다. 혹시 입원하게 되더라도 서울에 가야 돌봐 줄 보호자가 있다고 둘러댔다. 독성간염이라기에 큰 병이 아닌 것만도 고마웠다. 잘 치료해 달라고 당부하며 내 책 두 권과 가게에서 파는 고급 스카프 세트를 병원에 갈 때 담당의에게 선물까지 했다. 딸보다 어려 보인 그 선생이 나로 인해 혹시 불이익당할까, 소견서 끊을 때도 심중에 있는 말은 삼갔다. 갑자기 들이닥친 증상에 나는 무지했지만, 황달 끼가 얼굴과 눈을 노랗게 덮었고, 소변 색이 연한 콜라 색이며, 딱딱한 회색 변을 봤다고 환자가 증상을 얘기했으면 전문의로서 짚이는 게 있어야 했다. 서울 S 병원에 비치된 안내 책자엔 내 병의 증상들이 대충 요약돼 있었다. 급한 환자다 싶으면 무조건 정밀검사를 했어야 옳았다.

새로 지은 약 7일분과 소견서를 챙겨 서울로 갔다. 마중 나온 딸과 함께 삼성서울병원으로 갔다. 병원에서 몇 가지 검사를 해 보더니 가지고 있는 약은 절대로 먹지 말란다. 의사들 어두운 표정에서 내 병이 심상치 않다는 걸 직감했다.

그날이 2022년 6월 3일이다. 삼성서울병원 응급실로 직행한 건 대치동에 사는 큰딸 집과 가까워서다. 단 며칠간 몇 가지 검사로 췌장암이란 결과가 나왔다. 이러니 누군들 서울 빅5대 상급병원을 선호하지 않겠는가. 6월 말 대수술 후에 나온 결과로는 췌장암 3기란다. 췌장암은 증상이 이미 나타났을 때는 3기 이상이며, 4기부터는 수술도 못 하는 난치병이란 것도 그때 알았다.

동네 몇몇 병원에서 방광 검사 등 이것저것 검사할 때도 이상이 없다고만 했다. CT 검사 예약도 했는데 내 차례는 한 달 후였다. 만약 부산에서 차일피일 시간만 끌었다면 수술도 할 수 없는 처지가 됐을 게 뻔하다. 지방 의료시설이 얼마나 낙후되었으며 전문 의사가 부족한가를 경험을 통해 여실히 느꼈다.

10월 중순인 요즘, 신문마다 연달아 떠드는 이슈가 있다. '환자도 의사도 서울로, 서울로만 간다고.' 그래서 지역병원들은 무너질 위기라고 한다. 실제로 서울의 빅5 병원 환자 40%가 지역에서 온 환자란다. 어디 서울뿐이랴. 경기도 일산에 있다는 국립암센터에도 매년 PK 지역에서 오는 환자가 18%에 가깝다니, 큰 병이다 싶으면 다 서울로 일산으로 가는 추세가 맞나 싶다.

오늘자 국제신문에 서울 수서역정류장에서 삼성서울병원 셔틀버스를 기다리는 환자들의 긴 행렬 사진이 올라왔다. 나도 항암치료 다니느라 같은 장소에서 긴 줄에 자주 섰기에 혹시 찍혔나 하고 한참을 들여다보았다. 셔틀버스가 십여 분 간격으로 오는 대형버스인데도 늘 만원이다. 두 대째를 기다려 탈 때가 많다. 그뿐이랴. 병원 안은 도떼기시장을 방불케 한다. 열차 타고 가서 혈액검사부터 하고, 검사 결과가 나오기까지 세 시간을 기다렸다가 교수를 만나는 시간은 고작 3분여. 그래도 믿을 곳은 여기뿐이니 불만인 환자는 없어 보인다. 나도 12번의 항암치료 후에 별 부작용 없이 잘 나았다. 그렇다고 안심할 단계는 아니다. 아직은 전이 없이 3개월에 한 번씩 검사하러 다니고 별 불편 없이 일상생활하고 있다. 담당 교수들뿐 아니라 병원에서 마주치는, 얼굴 모르는 선생님들과 간호사들까지 모두 고마운 존재로 보인다. 그 병원이 내 생명을 맡긴 생명 줄이니까.

  부산에도 의대가 몇 개나 있다. 하지만 대부분 의대는 학생 미달이고 교수는 부족한 실정이란다. 유능한 의사는 서울에 머물기를 원하고 각 지방은 의사 난을 겪는 것 같다. 그런데도 의사협회는 의과대학 증원과 의대생 증원에 크게 반대하고 있다. 의대만 설립해 놓고 정원 50명을 채우지도 못하는 의대가 17

개나 된다니. 국민 세금만 날리는 것 같아 못마땅하다. 이미 차려놓은 밥상에 숟가락만 더 얹으면 될 것 같은 의사 증원은 필수라고 생각한다. 아파 보니 생명이 오가는 살벌한 의료 현장임을 알겠다.

'우리나라는 경제협력개발기구(OECD) 회원 39개국 가운데 인구 대비 의대 졸업생 수가 38위로 최하위권이지만, 인구 대비 의대 수는 미국의 2배'라고 한다. 이미 있는 의대에 정원을 확대하자고 2020년에도 추진했으나 의료계의 반발 휴업으로 무산됐다. 코로나19 팬데믹 때도 의사가 모자라 난리였다. 언제 다시 대형 전염병이 찾아올지도 모르고, 초고령사회가 닥쳐오고 있는데 어쩌자는 것인가.

의사단체는 '정부가 일방적으로 의대 정원을 확대할 경우, 모든 수단으로 총력 대응에 나서겠다.'라고 선언했다. 반협박이 아니고 무엇인가. 국민의 한 사람으로서, 환자로서 도저히 이해할 수가 없다. 의사단체는 자기네들이 왜 그러는지를, 국민이나 환자들이 이해할 수 있게 명백하게 반대하는 이유를 밝혀야 하지 않겠는가. 갑자기 지나치게 숫자를 늘린다 싶으면 절반으로 줄이자고, 정부와 타협이라도 해야지, 무조건 한 치 양보도 할 수 없다고 하니 너무 하지 않은가.

　미국 시사주간지 뉴스위크가 실시한 평가에서, 우리나라 병원 17곳이 월드 베스트 병원으로 선정됐단다. 이들 병원이 대구가톨릭대학교병원을 빼면 모두가 수도권에 몰려 있다. 지방 환자들은 다 어쩌라고. 암환자는 절대로 혼자서 다닐 수 없다. 간병인 한 명은 필수다.

　다행히 윤 대통령이나 야당까지도 의대생 증원에는 모처럼 찬성하는 한목소리를 내고 있다. 대통령은 '필수 의료 혁신전략'을 엊그제 발표했고, 내년부터 2,000명씩을 추가로 늘리겠다고 한다. 보건복지부장관은 의대 인원을 당장 늘려도 십 년 후에나 그 혜택이 돌아온다고 의료체계를 설명한다.

　동아일보 취재팀은 '중증 응급환자의 표류'라는 국내 필수 의료 해법을 찾기 위해 일본 독일 캐나다 호주 미국 등 대형 병원들을 찾아다니며 조화롭게 돌아가는 그쪽 병원 실태를 조사했단다. 2021년 기준 독일 인구 1,000명당 임상 의사가 4.5명으로 한국(2.6명)의 1.7 배란다. 그런데도 독일 의사들은 의대 정원을 더 늘리라고 정부에 요구하고 있단다. 위에서 언급한 다른 나라도 대부분 의사가 우리보다 많은데도 더 늘리는 것에 찬성한다. 의사 수를 늘려도 수도권으로만 향하지 않게, 모든 방법을 동원해서라도 지역마다 의사 난을 겪지 않게 철저한 개선책을 함께 마련하길 바랄 뿐이다. 우리나라와 달리 일본은 세계 베스트 병원 15곳 중 7곳이 지역 병원이란다. 거기에 일본 의대생 18%는 지역 의무 근무를 해야 한다니 우리도 여러 방책이 시급하다는 생각이다.

여러 의문으로 나도 정부와 의료단체를 불신했다. 의료단체는 자기들 이익만 따지는 것 같아 괘씸했다. 고집 센 정부가 한꺼번에 많은 의료 인력 확충을 무리하게 못 박아놓고 한 치도 양보하지 않으려는 고집에 숨이 막힌다. 이런 중에 MBC TV PD수첩에서 '의대 정원 2,000명의 진실'이라는 제목으로 지방 의대 속사정과 정부 방침에 따를 수 없는 의사들의 현실을 파헤쳐 보여 주었다. 사전 준비가 완벽하지 못한 정부도 문제지만, 진작 의협에서 2,000명 확충은 너무 무리라고, 점진적으로 증가시키자고 방안을 내놓았다면 이런 의료대란은 막지 않았을까 싶다. 양보하지 않겠다는 각자 고집 때문에 애먼 국민만 피해를 본다. 피해가 더 늘어나기 전에 정부도 의협도 조금씩 양보해 국민의 따가운 눈총에서 벗어났으면 한다.

心을 낳고

아침에 눈 뜨면 침대에 누운 채 몸을 이리저리 움직인다. 잠시 뜸 들이고는 소변을 보려고 변기에 앉는다. 양치질하고 따뜻한 물 한 잔을 마시고 나면 아랫배에 슬슬 기별이 온다. 다시 변기에 앉는 게 요즘의 습관이 됐다.

붓글씨를 쓰듯 똑바른 자세로 앉아 슬그머니 아랫배에 힘을 준다. 그러면 가는 내 손목만 한, 길고 굵은 변이 힘들이지 않고도 쉬이 나와 한 채의 중심 기둥을 주~욱 긋는다. 변기 물구멍을 긴 변이 절반으로 자연스레 겹쳐 받쳐 줌으로써 중심핵을 반듯하게 놓이도록 도와준다. 다음은 괄약근을 움직이며 궁둥이를 몇 번 흔들어 수제비를 알맞게 뜨면 용하게도 멋스러운 마무리, 마음 心 자가 탄생한다.

원본의 心 자보다 튼실하고 날렵한 멋진 옥동자다. 햐! 세상에 악필인 내게도 이런 재주가 있다니! 물론, 맨 먼저 그어야 하는 왼쪽의 획이 필순에 어긋나긴 했다. 질러가도 목적지인 서울만 가면 내겐 성공이니까.

혼자서 감탄하다가 언감생심 언제 또 이런 작품을 만날까 싶다. 남편 방을 향해 냅다 소릴 지른다. 뭔 일 있냐며 급하게 변기를 들여다본 남편이 말하기를 "난 또 뭐라고. 별것 다 보여주려고 잠을 깨웠나." 하며 버럭 화를 내며 투덜거린다. 평소에 가는 변만 보는 그와 달리, 굵은 내 작품 때문에 더러 변기가 막히는 소동이 있었다. "아, 그래. 니똥 참 굵다."라며 나가버린다.

실은 그게 내겐 별것인 것이, 최고 난치 암이라고 소문난 췌장암 3기 대수술을 하고 열 달이 지났다. 그 心 자를 더러 써왔지만, 완제품이 아닌 것 같아 마땅히 보여줄 기회가 없었다. 어떤 때는 小가 되었다가 ? , ! S ×까지…. 의도하지 않은 함양 미달 장애아를 낳기 일쑤였다. 수술 후 얼마간은 간혹 변비 끼도 있어 수제비만 실컷 뜨다가 일어서기도 했다. 애당초 물에서 범벅이 돼버려도 이런 멋진 작품은 안 나온다.

누군가는, 이런 쓰잘머리 없는 글도 쓰는가 하는 이도 있겠다. 하지만 '남이야 뒷간에서 낚시질하건 말건' 신경 쓰지 마시라 하고 싶다. 건강한 사람들은 먹고 소화되어 나오는 변까지도 혐오스럽게 바라보는 이도 있을지 모르겠다. 그러나 한 번 죽었다 다시 태어난 사람은, 정상으로 돌아온 자기 변까지도 연민과 애정으로 보게 된다. 더구나 원인이 뭔지도 모르고, 피똥까지 이삼일씩 싸보고, 응급실이라도 들락거려 본 입장에서는 더더욱 그렇다. 정상으로 돌아온 변마저도 기특해 고개를 끄덕거린다.

병원에 입원한 보름 동안 배변량과 색깔을 버릇처럼 살폈다. 몸에 밴 버릇대로, 실은 병원 일지에 기록해야 해서다. 드물지만 오늘같이 기차게 멋진 心을 낳은 날은, 짝지에게라도 보여주고 싶은 심정인 것이다. 똑바로 써놓은 心 자는 요즘 내 마음

바로 그대로라고.

시골 한마을에서 자라 초등, 고등학교 한 반 짝지였던 우리, 결혼 49주년을 앞에 놓고 다시 친구로 돌아왔다. 내 간병인임을 자랑스럽게 자칭한 그가 漢字라면 나보다 몇 배는 더 눈 밝다. 서예를 취미로 붓글씨를 계속 써 왔기에 설마 엉덩이로 휘갈긴, 초등생도 읽을 이 글을 못 읽었을 리는 만무하다. 그냥 모르는 척하는 것이겠지. 서운한 마음은 파리똥만큼도 없다. 내가 세상을 성급히 떠나더라도, 흐트러짐 없이 담담한 마음가짐과 평온한 자세가 돼 있다는 것을 보여주고 싶었을 뿐이다. 부처님이 49년 동안 설하신 경전 팔만대장경 핵심도 따져보면 이 마음 心 하나라고 하지 않던가. 그이는 평생 동지인 내 마음을, 아니면 내가 난치 암 환자라는 현실을 외면하고 싶은 걸까.

실은, 불시에 찾아온 암 선고에 덤덤한 나보다 더 충격을 받은 건 남편이다. 누군가 내 안부를 묻기만 해도 울음보를 터트렸다. 하여 지인과 친구들은 안부 전화도 못 하겠단다. 걱정으로 깊은 잠을 못 자고 잠꼬대까지 하던 남편이 나보다 더 걱정됐다. 어떻게든 최선을 다해 이겨내겠다고 마음을 먹었다. 이겨내겠다는 마음이 커서인가. 독한 약으로 항암치료를 했어도 현재까지는 전이 없이, 암 환자들이 많이 경험한다는 큰 부작용 없이 결과도 좋단다.

췌장암 3기 수술 결과 통계로 보아 아직은 안심할 단계는 아니다. 현재 상태에 만족할 뿐이다. 자신하던 건강 체질에다 낙천적인 성격이라, 잘하면 내가 췌장암 최장수로 기록될지 누가 아는가. 의학은 날로 발전하고 있고 어느 분야든지 기적이 있기도 하니까.

친구 부부가 시골에 가서 뜯어온 쑥으로 내가 좋아하는 쑥떡을 해 왔다. 냉동고에 보관해 놓고 다 먹기도 전에, 언니가 공기 좋은 농장에서 캔 쑥으로 찰현미 쑥떡을 많이도 보내왔다. 간식으로 날마다 먹다 보니 이날따라 변까지 쑥 떡가래 같다.

마침, 일어날 시간인 남편을 불러 보였는데 아침부터 좀 심했나 하는 생각도 든다. 잘 아는 어느 암 환자가 항암치료 중에 미주알이 빠져서 혼났다는 소리를 들었다. 해서 남편더러 변기를 들여다보라 했을 때 얼핏 불안한 예감이 들었을지도 모른다. 그게 아니니 화도 나고 안심도 했으리라. 이런들 그러한들 어떠랴. 오래전부터 친구와 부부 사이를 뛰어넘어 피붙이인 듯 착각할 때도 있으니. 움직일 수 있는 한 당신이 좋아하는 맛있는 음식을 만들어 보답할게.

여보, 그래도 새삼 부끄럽네. 너무 많은 걸 보여줘서. 긴 세월을 같이 해 온 우리, 내년 가을이면 결혼 50주년이고 가게 개업한 지도 50주년이 아닌가. 잔치를 한바탕 벌이고 폐업할까도 했고, 가게에 매달려 회갑이고 칠순이고 못 해 금혼식은 챙기려 했건만 느닷없이 맞닥뜨린 병마 앞에서 마냥 우두망찰할 뿐.

내일이 불투명한 인생에 나중과 다음이란 없다는 걸 이제야 절실히 알겠다. 아옹다옹하면서도 서로 바라보며 웃으며 같이 살아줘서 고마워. 사랑해.

한 발은 지상에 두세 발은 허공에

 담당 교수에게 일주일에 한 번씩 항암치료를 하니 너무 힘들다고 말했다. 지금 치료가 잘 되고 있으니 다음 검사 때까지는 이대로 나간다고 한다. 간에 전이되기 전에도 손발 저림은 계속 있었다. 이번엔 더 심하고 발바닥에 열이 나면서 뜨끔거리며 쪼여 드는 느낌에 잘 자던 잠을 통 못 잔다고 했더니, 그에 따른 약을 처방해 준다.

평소 보약은 물론이고 보조식품 같은 약도 일절 안 먹은 덕분인지, 병원에서 처방해 주는 약은 잘 듣는다. 설사약 구토약 등은 다른 암 환자들은 계속 처방해 가는지, 그런 약이 필요하다고 말하지 않았는데도 다른 약 처방 때 따라와 있다. 췌장암 수술한 지도 열흘 후면 꼭 2년이다. 아직 구토 관련 약을 한 번도 먹은 적이 없다. 설사는 몇 번 했으나 조그만 약 한 알이면 당장 그치니 약이 많이도 필요 없다. 약값도 매우 싸고 약의 질도 좋은 것 같다. 가족이 먹어도 되는 설사약은 몇 번 더 받아 집에다 쟁여두었다. 실제로 설사를 잘하는 남편이 한 알만 먹어도 잘 듣는 약이기 때문이다.

병원에 다녀온 저녁에는 저림 약 한 알을 먹고도 잠을 좀 편히 잤다. 2주일분을 받아왔는데 4일분만 먹고 먹지 않을 예정이었다. 내가 필요로 한 수면장애 부분이 약 한 알로 괜찮아졌으니 약의 남용은 득 될 것 같지 않아서다. 약이란 다 장기간 복용하면 소소한 부작용이 있지 않겠는가.

어제로 저림 약을 먹은 지 4일째다. 아침엔 그 약을 안 먹었더니 정오가 지나자 발에 열이 나며 뜨끔거리는 증세가 다시 나타났다. 아침저녁 식후 복용 약이니 저녁 먹고 다시 먹어야겠다. 교수님이 어련히 알아서 약 처방을 했을 테니 말이다.

몇 년 전, 다리도 안 아픈데 종합검진 결과 골다공증 초기라며 약을 먹으라고 했다. 약을 열흘쯤 먹다가 심한 부작용을 겪었다. 그제야 확대경 돋보기로 읽어본 그 약 안내서에는, 천 명에 한두 명은 심한 후유증이 있다고 쓰여 있었다. 약을 바꾸어 이 년을 먹었더니 골다공증은 다 나았다. 그 무렵 췌장암이 덮쳤으니 췌장암 발병 원인 중에 골다공증약도 한몫한 게 아닐까 하고 별생각이 다 든다.

간으로 전이된 이후부터는 스스로를 비정상이라고 하루에도 몇 번이고 뇌까린다. 특히, 아침에 일어나면 많이 비틀거린다. 책 보느라 두어 시간 앉았다 일어나도 마찬가지고, 설거지를 끝내고 걸음을 옮겨도 비틀거린다. 손발 저림 약을 먹은 이후로 더 심해진 것 같다. 꼭 술에 취한 사람 모양으로, 발이 옆으로 게걸음을 걷다가 뒤로 한두 걸음 후진도 한다. 한 발은 지상에 두세 발은 허공에 놓이는 느낌이다. 마치 공중을 헤매듯 허우적거린다.

약사도 좀 어지러울 거라고는 했다. 낮에도 시도 때도 없이 잠이 쏟아진다. 운전도 절대로 하면 안 된다고, 약이 독하긴 한 모양이다.

　55년을 도매업 하면서 낮잠을 한 번도 자 본 적이 없다. 손발 저림 약을 먹은 이후로는 그냥 누우면 잠이 온다. 말도 약간 어눌하고 새는 것 같다. 열차에서도 잘 자지 못하는데 서울 정기 검진 다녀오는 기차에서 약에 취한 듯 내내 자다가 깨기를 반복했다.

　오늘은 걷기 운동을 마치고 마루에 들어서다가 꽈당 넘어졌다. 크게 소리는 났는데도 다행히 다친 데는 없다. 남편이 뒤따라 들어오다가 놀라 소리를 지른다. 여기에다 뼈까지 다치면 서울로 항암치료 다닐 수도 없다고, 조심 또 조심하라고 엄포를 놓는다. 내가 얼마나 조심하는지를 그는 모른다. 얼마 전부터는 남편 없이는 아파트를 벗어나는 걷기 운동도 자신이 없어 혼자 나갈 수가 없다.

　췌장암 치료할 때만 해도 하루 한 시간 이상 걸어도 괜찮았다. 요즘은 맥박이 빨라지고 숨이 차서 십여 분 걸으면 쉬었다가 다시 걷기를 반복한다. 그것도 천천히 걸어야 한다. 아파트 뒤편 산책길엔 여름 평일 오후에는 걷는 사람이 별로 없다. 내가 뒤뚱거려도 눈여겨볼 사람도 없어 마음 편하다. 처음 걸을 때는 좀 허우적거려도 한 삼십 분 걷고 나면 다리에 힘이 좀 실리고 자세도 어느 정도 돌아온다. 매일 운동을 빠트릴 수 없는 이유다.

나는 우리 동 숲길 뒤편에 놓인 나무 의자에서 쉬어가며 걷고, 남편은 아파트 전체의 산책로를 자기 나름의 속도로 걷는다. 내가 고정된 길만 오가기에 남편과 따로 걸어도 서너 번은 만난다. 그새 반갑다고 '하이 파이브' 하며 손바닥을 마주친다. '게으름 피우지 않고 열심히 잘 걷고 있네' 하며 꼭 감시라도 하고 있다는 듯이 한마디 한다. 농인 줄은 알지만, 그가 내 앞을 지나갈 무렵이면 나도 의자에서 슬그머니 일어나 다시 발맞춰 걷는다.

3부

별별 생각 / 강남 중심이 물바다 될 줄이야
결국 그놈이 / 빈털터리가 된 날
삼도三道 오사五寺 순례 / 오토바이로 출퇴근하는 부부
추위에 길고양이들은 어떡하지

오직 일에만 파묻혀 산 세월이었다. 손에서 일을 놓으면 국내 여행이나 다니자고, 4년 전에 처음으로 좋은 외제 차도 하나 샀다.
하필 여유를 갖고 살고자 할 때 난치병이 나를 덮쳤다. 엎친 데 덮친 격이 아니라, 엎침 당해 제대로 내리꽂힌 격이다. 마음먹은 대로 안 되는 게 인생이라더니 살아온 세월이 허무하다.

별별 생각

지칫거리지 않고 미련 없이 흑룡해를 넘어왔다. 누구나 한해를 돌아보며 아쉬움에 젖을 법도 하다. 내게 지난해는 생애 최고의 해인 동시에 최악의 해였다. 2021년 늦가을에 출판한 두 번째 수필집 『국제시장』이 〈국제신문〉의 '그곳에서 만난 책'에 선정되어 국제신문에 크게 실리고, 경남일보에도 실렸다. 부산 가톨릭평화방송에서도 십여 분간 책 소개를 해 곳곳에서 축하

인사를 받았다.

　호사다마好事多魔라 했던가. 그 설렘이 채 가시기도 전에 찾아온 난치병이라는 췌장암 3기 선고는, 건강했던 내가 뒤통수 한 대 야무지게 얻어맞은 '우두망찰' 바로 그것이었다. 모든 걸 체념할 수밖에 없어 차라리 담담했는지 모른다.

　서울 딸네 집에서 달 반 머물며 병원을 오가며 치료하고 있었다. 그 와중에 초등학교 4학년인 작은외손자는 같은 반 애한테 손목을 차여 수술하고 두 달을 등교하지 못하고 병원을 오갔다. 혹시 다친 부위 신경이 잘못되면 평생 손에 장애가 올 수도 있다고 해 온 가족이 마음을 졸였다. 늘 반에서 말썽을 피우던 한 아이가 그날도 수업을 방해할 만큼 말썽을 부렸단다. 담임인 여자 선생님이 그 아이를 교실 밖 골마루로 내쫓아 벌을 줬단다. 그런데도 아이는 선생 말도 안 듣고 문을 쿵쾅거리며 열고 들락거려 수업에 지장을 주었던가 보다.

　불의를 보면 못 참는 내 손자가 문을 닫다가 그만 그 애 발에 차여 일어난 사고 같았다. 아이 부모가 병원비를 내겠다고 하는데도 철없는 아이들 일이라 사양했다. 오직 뒤탈 없이 잘 치료되기만을 기도했다. 아픈 엄마와 다친 아들을 데리고 병원을 오가며 얼마나 신경을 썼던지, 큰딸마저 신경성으로 아프다. 거기다 작은손자와 같은 흑룡띠인 남편도 아내의 갑작스러운 병과 딸이 아프다는 말에 충격을 받았던가. 깊은 잠을 못 자고 아직도 어리벙벙해 잠꼬대를 해댄다. 전에 없던 행동을 하니 병이 날까 걱정이다.

손자도 잘 나아 큰 고비는 넘겨 감사하는 마음으로 새해를 맞았다. 길흉화복 吉凶禍福이라고, 좋은 일과 나쁜 일이 겹쳐 온 식구가 혼쭐이 났다. 올해는 좋은 일보다 나쁜 일이 없는, 그냥 평범한 해였으면 좋겠다.

올해는 다산, 풍요, 민첩, 지혜를 상징한다는 검은 토끼해다. 나도 51년생 토끼띠다. 새해 벽두에 자주 등장하는 토끼 사진만 보아도 사랑스럽고 예쁘다. 별 탈 없이 새해에 편승했지만, 별일도 종종 생긴다.

9차 항암치료를 받으러 삼성서울병원에 갔다가 백혈구 수치가 낮아서 수치 올리는 피하주사만 맞고 항암 주사는 일주일 뒤로 미루어져 부산으로 도로 왔다. 벌써 세 번째 항암 주사가 일주일씩 미루어진 것이다. 이번 검사에서도 몸 상태는 좋은데 나이 탓인가 하고 교수님도 고개를 갸웃거렸다. 원래 예상대로

라면 1월 말에 항암치료가 끝났을 일이다. 현재 미뤄진 날짜만 쳐도 한 달가량이다. 이대로라면 3월 말까지 항암치료가 끝나면 다행이겠다.

다른 이들도 더러 그렇다니 마음 급하게 먹지 말고 욕심부리지 말자던 남편도 이번엔 교수에게 한마디 거든다. 부산에서 서울까지 오르내리려면 여러 가지로 힘이 든다고. 백혈구 수치가 항암치료 중반부터는 계속 낮은 편인데 차라리 3주에 한 번꼴로 항암치료를 하면 어떻겠냐고. 모처럼 의견을 낸 남편에게 교수는 일주일 후 검사 때 보고 결정하자고 한다.

사실 항암치료 받으러 서울에 한 번 오르내리는데 드는 비용도 만만찮다. 둘이 왕복 열차 값이 대략 15만 원, 치료비와 약값이 10만 원, 하루 호텔비와 택시비가 12만 원, 이틀간 식사비 등 50만 원 정도 들어간다. 검사하느라 한 달에 세 번씩이나 오가기도 한다. 병원비와 약값은 보험이 적용되니 그나마 저렴한 편이라 다행이다.

열차표 예매도 쉽지 않다. 병원 예약일에 맞춰 부산에서도 얼마든지 표를 미리 살 수 있다. 문제는 병원에서 예약 일에 혈액검사를 하고 이상이 없으면 백혈구 촉진제를 맞고, 다음 날 항암치료 4시간용을 맞으러 들어간다. 돌아오는 표를 그때 시간 맞춰 예매해야 한다. 당일에 도로 내려오려면 이미 당일 차표가 매진일 때가 많다. 요즘은 요령이 생겨 늦은 시간 기차표를 예매했다가 병원에서 일찍 끝나면 기차표를 바꿔서 타기도 하고, 표가 동이 났을 땐 두세 시간을 역에서 기다리기도 한다. 치료 초창기엔 표를 구하지 못해 항암 네 시간을 맞고도 이틀간 들어가는 정맥 주입용 항암제 케모포트 병을 가슴에 매달고 입석으로 부산까지 온 적도 몇 번이나 된다. 입석까지 동이 날 때가 많아 차표 예매에 남편이 신경을 곤두세운다. 초기에는 요령을 몰라 가락시장 부근 호텔을 몇 번 이용했다. 요즘엔 돌아오는 차표를 시간 간격을 두고 두 개씩 예약했다가 골라 쓰고 나머지는 취소한다.

 그런 중에도 다른 암 환자보다 나이도 많은 편인 내가 부작용도 적어 감사하는 마음으로 치료에 임하고 있다. 항암치료 받다가 쇼크도 올 수 있으니 꼭 보호자가 동반해야 한다는 게 병원 규정이다. 복잡한 병원 수속과 식사 표 사는 일까지, 남편이 없으면 어쩔뻔했나 싶다. 군소리 없이 보디가드 노릇을 하는 남편에게 건강 회복에 최선을 다해서 날마다 맛있는 반찬으로 보답하려고 한다. 치료비야 좀 더 쓰고 가도 덜 미안하다. 오랜 세월 남편보다 일을 훨씬 더 많이 했으니까. 이 점은 남편도 인정하는 바다.

오늘 저녁에는 고양이 밥을 들고 홀로 산책에 나섰다. 아파트 둘레로 나무가 많으니 길고양이들이 곳곳에 있다가 검정 봉지를 든 내 뒤를 졸졸 따라온다. 사람들 눈에 잘 안 띄는 꽃나무 뒤에다 봉지를 놔두고 물러서면 바로 먹이에 입을 댄다. 되돌아 걸으면서 내 입도 자동으로 벌어진다. '나를 인연한 모든 법계 중생이여, 내가 그동안 알게 모르게 지은 모든 허물을 참회합니다.'라는 기도문을 한 바퀴 돌 때까지 중얼거린다. 내가 다니는 사찰 주지 스님께서 '오늘의 화두'라는 제목 아래 주신 기도문이다. 이어 내 몸에도 고맙다는 마음을 전한다. 그 독한 항암제도 잘 견뎌내고 부작용도 덜 겪게 하는 내 전신이 무한히 고맙다.

한 병실에서 같은 암으로 다른 암으로 낯을 익히고 서로를 위로했던 그들도 떠올린다. 나보다 훨씬 젊은 그 사람들 빠른 쾌유도 빌어본다. 엊그제는 그들이 눈에 밟혀 지난해 출판한 책 2권씩에 머플러 댓 장을 넣어 두 곳에 부쳐주었다. 환자도 그렇고 고생하는 보호자도 따뜻하게 쓰고 다니라고. 동병상련이라고, 병원에서 북적이는 그 많은 암 환자와 그 가족 모두가 안쓰럽다.

　건강할 때는 세상 사람들이 다 건강한 줄만 알았다. 병원에 다녀보니 온통 환자 천지다. 시장보다 더 복잡하다. 요즘은 길을 가다가도 저 많은 사람 중에 절반이 환자가 아닐까도 상상하게 된다. 하기야 예순 넘은 이들은 병 한두 가지는 동무처럼 데리고 살아가라고 하지 않던가. 그래도 온 가족이 놀라고 집안이 무너지기도 하는 무서운 병은 안 걸리도록 알아서 건강 잘 챙기라고 말하고 싶다.

　가게 일에 빠져있을 땐 물먹는 것조차 잊고 살았다. 가게가 한가하면 또 책에 빠져 종일 물 한두 번 먹을까 했으니, 자연히 화장실 출입도 드물었다. 출근하기 전에 집에서 볼일을 보고 나면 가게에서는 열 시간 동안 화장실에 한 번 가면 끝이었다. 오십여 년을 휴일 외엔 햇빛을 못 보고 지냈다. 어쩌면 이런 습관과 환경이 내 병의 원인이라고 할 수 있을까. 더 다른 이유를 나로선 찾을 수 없다. 스트레스도 일부 원인이 될 수 있겠지만, 이 정도 스트레스는 다들 받고 살지 않겠는가.

나는 약간 예민한 편이긴 하지만 비교적 낙천적인 성격이다. 나이 먹도록 또래들이 겪는 몸의 이상도 거의 없었다. 팔다리도 안 아픈데 2년 전 종합검진에서 골다공증이 있다고 해서 약을 2년쯤 먹었다. 재검진에서 골다공증이 거의 다 나았다고 해서 약을 끊을까 하던 차 췌장암을 만났다. 처음 간 동네병원에서 처방해 준 골다공증약이 후유증이 있어 다른 종합병원에서 재검사 후 먹었던 약으로 골다공증은 나았다. 이것이 췌장암에 영향을 끼쳤을까.

아니면, 오십 년을 한자리에서 키워 온 도소매업을 쉬이 손 놓지 못하는 나를 부처님이 해방시켜 주신 건 아닐까. 열 살 무렵부터 일흔둘인 작년까지 오직 일 구덩이에 빠져 살았다. 병이 아니었다면 아직도 떨쳐버리지 못했을 일을, 몇 년이라도 좀 쉬다가 가라고 부처님이 이 길로 인도하신 거란 생각도 슬며시 하게 된다. 수술 후 인사불성일 때 비몽사몽간에 보았던, 화려한 연꽃이 가득 담겨 나란히 걸려 있던 두 개의 벽시계 모양이 뇌리에 낙인처럼 찍혀 있다. 한 번도 보지 못한 그림이 혼수상태일 때 구현된 데엔, 부처님이 미련한 내가 미처 깨닫지 못하는 뭔가를 전하려는 계시가 아니었을까? 별별 생각이 다

든다.

  이 불경기에 가게 처리하는 과정도 마침가락으로 일사천리로 진행되었다. 선견지명이란 게 나에게 있을 리 없을 터. 왠지 꼭 부처님이 이끌어 주시고 도와주시는 것만 같다. 이래저래 부처님께 무한히 감사하다. 매사에 감사하는 마음으로 살겠다고 두 손 모은다.

강남 중심이 물바다 될 줄이야

　서울에 도착하기 두 시간 전에 딸에게 전화했다. 서울에는 천둥 번개를 동반한 비가 억수로 온다고 한다. 일기 예보를 들었지만, 오전 일찍 병원 예약 시간에 맞춰 가야 해서 하루 전에 서울 딸네 집에 왔다. 다행히 우리가 딸 집에 당도할 무렵에는 비가 좀 주춤하더니 다시 천둥과 비를 동반한 작살비가 쏟아지기 시작한다.

딸이, 학원에 간 초등학교 4학년 작은아들과 중학교 2학년인 큰아들을 태우러 나갔다. 애들을 데리고 돌아오는 길에 퍼붓는 비로 길바닥이 순식간에 강이 돼버렸단다. 차들도 오가지 못하고 센 물에 휩쓸려 세 식구가 물에 빠진 생쥐 꼴로 헝겊스럽게 홀딱 젖어 돌아왔다. 온 거리가 순식간에 물바다가 되고, 흙탕물에 잠긴 장애물이 안 보여 딸이 발을 헛디뎠단다. 뭔가에 걸려 넘어질 때 손잡고 가던 작은아들이 붙잡아 다행히 물에 휩쓸리지 않았다고 한다. 크게 불어난 물의 위력에 딸네 모자는 머리를 절레절레 흔든다. 안전하게 귀가한 걸 보고 놀란 가슴을 쓸어내린다.

사위도 퇴근길에 물벼락을 만났다. 강남 입구까지 왔다가, 차로도 걸어서도 올 수 없게 되어 도로 차를 돌려 연구실로 돌아갔다가 물이 빠진 새벽에야 집에 왔다. 우리나라에서 제일 부자 동네라는 강남구 일대가 저지대라 그렇단다. 지은 지 꽤 오래된, 딸이 사는 대단지 아파트도 저지대에 속한다. 하수구 시설인 빗물받이에 담배꽁초, 스티로폼 따위의 쓰레기들이 빗물에 쓸려 내려와 막는 바람에 물이 빠지지 않고 차오르고 있단다.

아파트 경비실에서는 때아닌 장대비에 차들이 물에 잠기고 있다고, 저지대에 주차한 차들은 고지대로 옮기라고 계속 떠들어 댄다. 퇴근 시간 후라 차들로 꽉 들어찼는데 어디로 옮기라는 건지. 물 구덕에 빠진 차를 몰고 나갈 수는 있는지. 그냥 맡은 책무를 다하느라 쉬지 않고 야단법석인 것 같다.

남편과 딸의 차는 주차 지역이 좀 높은 데라 바퀴까지는 물이 안 찼다고. 웃비만 계속 퍼붓지 않으면 괜찮을 것 같단다. 부녀가 교대로 자정이 넘도록 주차장으로 오르내리며 빗줄기가 가늘어질 때까지 신경을 곤두세운다. 딸이 타는 차는 국산 소형차라 그렇다 치더라도, 외제 중에서도 부산 촌놈에겐 꽤 고가인 남편 차 때문에 신경이 곤두섰다. 늘그막에 할멈이 싫어하는 오토바이는 이제 안 타겠다며, 생애 마지막 탈 차라며 나를 꼬드겨 산 외제 차다. 그간 타고 다닌 차 다섯 대 가격을 합친 금액보다 비싼 차를 못 쓰게 될까 싶어 조바심이 났다. 단 하루 쏟아진 비에 침수된 차가 천여 대란다. 그중에 30%가 외제 차라니 역시 부자 동네 강남이다.

시간당 100mm 비가 내려 관악구 동작구에도 하루 강수량이 400mm란다. 강남역 몇 곳도 물에 잠겼다. 폭우로 거리가 순식간에 물로 범람해 자동차가 둥둥 떠다닌다. 그 차 지붕에 사람이 올라타 꼭 배를 타고 가는 듯 기이한 영상이 티브이 화면에 나온다. 성인 키만큼 물이 차올라 오가지도 못하는 위험한 와중에 하수구 맨홀에서 쓰레기를 건져 내 슈퍼맨이라 이름 얻은 청년이 있다. 감격해 입을 다물지 못하겠다. 이런 지경이니 저지대 아파트 1층은 인명 피해도 있을 테고, 대피하는 소동도 빚었을 것이다. 가까운 서초구에도 4명이나 실종됐고 2명이 사망했다는 방송도 나온다. 이번 물난리 사건으로 콧대 높던 강남구가 체면이 좀 깎이진 않았을까. 강남 강남 해 쌓더니 '강남이 왜 저래' 하는 동정 속에 숨은 비아냥도 있을지 모른다.

  서울에서도 대 강남이 하루 쏟아부은 폭우에 이리될 줄은 몰랐다. 종일 비를 퍼부은 것도 아닌데 참말로 어처구니가 없다. 딸은 전세로 살지만, 전세금도 웬만한 서울 넓은 아파트 매매 가격보다 높다. 2년 전 폭우 때도 큰딸은 이 아파트 다른 동 1층에서 살았다. 대전 어느 저지대 1층이 물에 잠기고 있다는 뉴스에 오죽하면 딸더러 밤잠을 자지 말고 가족을 지키라고 했을까. 딸은 전세 계약 기간이 끝나자 높은 층인 이 집으로 이사했다.

같은 강남인 도곡동 약간 높은 지대였던 아파트를 팔고, 곱을 더 보태 학군 좋고 평수 넓은 데로 전세로 이사 온 게 탈이었다. 고작 3~4년 새 어디든지 집값이 엄청나게 뛰었다. 아이들이 대학에 갈 때까지는 좋은 학교나 학원이 밀집한 환경을 고집하는 게 요즘 젊은 엄마들 사고인 것 같다. 돈이 많은 사람들이 이곳 아파트를 세놓고 더 좋은 새집으로 이사가 살고, 학교나 학원가에 눈독을 들인 젊은 엄마들이 이곳에 세 들어 사는 것 같다.

몇천 가구가 넘는 이 대단지 아파트에서 자기 집을 지니고 사는 이들 30% 정도는 노인들이지 싶다. 사방에 나무가 잘 조성돼 있고 근처에 양재천공원이 있어 밤낮으로 산책하기에도 좋다. 큰 병원들이 가깝고 학원도 입맛대로 골라 갈 수 있는 점이 젊은 부모들 로망으로 작용한 것 같다.

부산 변두리에서도, 익산의 시골에서도, 사교육은커녕 학원도 변변히 못 다니고도 큰딸 부부는 서울 S 대를 나왔다. 아무리 애들 교육 때문이라지만, 뛰어난 애들이 많다는 강남 학군을 고집하는 요즘 젊은 엄마들 선택이 과연 옳은 걸까? 속이 끓지만, 신경 쓸 일 많은 딸 내외에게는 입도 벙긋하지 않는다.

췌장암 수술 후 병원에 다니느라 두어 달 가까이 딸네에서 지냈다. 식후마다 운동해야 해서 걷다가 지치면 의자에 앉아 지나가는 사람들을 구경했다. 유심히 살펴봤다는 게 맞겠다. 우리 부부처럼 운동 나온 늙은이도 간혹 보이지만, 출퇴근 시간에는 젊은 층이 대부분이다. 그들 옷매무새는 부산 촌놈보다 크게 나을 게 없다. 오히려 더 검소하고 소박해 보인다. 명품이라고는 모르는 내 딸도 그렇듯이.

　　나도 유행과는 담쌓고 고급 옷과는 거리가 먼 사람이다. 딸네 집에서 편히 입으려고 가져온, 시장에서 산 실내복 원피스를 운동 삼 일째부터는 부담 없이 입고 나왔다. 강남이라고 부산 영도 섬의 우리 부부보다 더 좋은 옷을 입고 다니는 것 같진 않아 보여서다. 부산에서도 부끄러워 바깥에선 입지 못하던 옷이다. 엘리베이터에서도 딸 체면은 생각하지 않아도 될 것 같다.

　　유독 눈에 띈 건, 대부분 면으로 만든 큰 에코백 하나씩 걸치고 다닌다는 거다. 아마 쇼핑한 물건을 담아올 요량이겠다. 딸도 마트에 나갈 때 꼭 그런 걸 들고 다녔다. 퇴근길 그녀들을 보면 비닐봉지가 아닌, 예의 그 가방에 뭔가를 잔뜩 담아 메고 오는 것이다. 환경을 생각하며 검소하게 사는 그들을, 자식들

교육만은 최고의 조건에서 가르치겠다는 젊은 부모들 교육열을 누가 말리겠는가. 맹자 어머니의 맹모삼천지교를 새삼 떠올린다.

애들 교육을 위해 텔레비전도 잘 안 켜는 딸네다. 겨우 전화기로 뉴스를 본다. 이날 내린 강수량이 1941년에 내린 하루 최고 강수량을 갱신했다고 자랑 아닌 변명이다. 내가 태어나기 꼭 십 년 전 일이다. 82년 만에 기록이 깨진 셈이다. 그렇다고 강남이 물바다가 되도록 여태 별 조치도 없었던 건 이해할 수 없다. 재정 문제라면, 숲처럼 들어찬 큰 빌딩들과 부자 아파트들이 합심해 분담해서라도 근본부터 파악해 반복되는 폭우 피해를 막았어야 했다.

갈수록 예상치 못한 자연재해가 세계 곳곳에서 일어나 큰 인명 피해가 나는 현실이다. 미리 손봤으면 피해도 줄이고 이렇게 놀라지도 않았겠다. 강남 곳곳에 사는 자녀를 둔 전국의 부모들도 안심할 수 있게 말이다. 폭우만 내리면 무슨 일이 벌어질까, 모두 가슴이 덜컹 내려앉을 것이다. 첨단을 걷는 이 시대에 대한민국 서울 강남을 어디에다 내세우겠는가. 비 피해를 직접 보고 나니 강남의 현주소가 보인다.

결국 그놈이

　남편이 정기 건강검진을 하고 온 다음 날, 감기 기운이 있다고 했다. 나도 감기 기운이 있어 사 둔 자가 진단키트로 검사했다. 내 검사기에 표시되는 빨간 줄이 선명하게 한 줄 뿐이다. 남편은 틀림없는 두 줄이다.
　다음 날, 나는 출근하고 남편은 보건소로 갔다. 남편은 코로나 양성이라 바로 재택 치료에 들어갔다. 나에게도, 코로나19

확진자 밀접 접촉자로 분류돼 검사 받으라고 보건소에서 연락이 왔다. 내게 조금이라도 증상이 있으면 자가 진단키트로 검사하면 된다. 다행히 오미크론 변이는 감염이 되어도 기저 질환만 없으면 가볍게 넘어간다고 알려졌다.

그래서일까. 재택 치료한다고 해서 특별한 조치라곤 없다. 첫날부터 환자 본인이 약국에 가서 확진자라고 말하니 감기약을 며칠 분 지어주더란다. 그 약 먹고, 밥 따로 먹고, 저녁마다 식사한 그릇들 끓여 소독하고, 소독약으로 여기저기 닦고, 그게 전부다. 기저 질환자 면역 저하자만 전화 모니터링도 하고 집중관리를 하는 것 같다. 얼마 전부터는 확진자 가족까지 격리하는 불편도 면하게 된 것 같다. 우리도 3차 부스터샷까지 다 맞았다. 비교적 건강한 남편은 애초에 열도 없고, 기침 콧물도 없다. 오미크론 증상이라는, 목도 안 아프단다. 초기에 있던 감기 증상도 이삼일 후엔 없어졌다.

문제는 나까지 전염되면 가게 문을 닫아야 한다는 점이다. 소매상은 일주일 문 닫으면 일주일 분만 손해가 가지만, 우리 도매상은 사정이 다르다. 가게를 하루만 닫아도 물건이 급한 소매상 단골들은 다른 도매상으로 가버린다. 그러니 자가 검진은 물론이고 열도 체크하며 신경을 곤두세웠다.

  국제시장에 있는 가게는 봄 상품으로 교체된 시기다. 지방 주문이 조금 늘어나긴 했다. 아직도 나다니는 손님은 평상시의 반의반이다. 그래도 아침저녁으로 앞뒤 몇 칸을 혼자 열고, 닫고, 무거운 물건들을 오르내리고 정리하는 것도 예삿일이 아니다. 그런 일은 괜찮은 편이다. 가까운 깡통시장 단골들에게서 주문이라도 오면 뜀박질로 배달해야 할 판이다.

  사는 아파트가 넓어 그나마 다행이다. 코로나 걸린 남편은 자기 방에서만 지낸다. 식탁에서 혼자 밥 먹고 자기 컴퓨터나 휴대전화로 게임하고 놀면 된다. 이런 지혜로운 생각은 오직 내 생각일 뿐, 퇴근해서 보니 그릇 설거지통에 자기 수저와 내 티스푼과 접시가 섞였다. 본인이 낮에 쓴 그릇은 자기 그릇 통에 담아두라고 신신당부했는데도 건성으로 듣는다. 뭘 만질 일이 있으면 비닐장갑을 끼라고, 장갑을 코앞에 두어도 천방지축으로 아이보다 말을 더 안 듣는다.

  이뿐 아니다. 자기 방에서 혼자 밥 먹으라고 차려주어도 기어코 식탁으로 들고 나온다. 내가 답답해져 밥상을 들고 마루로 나와서 따로 먹는다. 저녁마다 내 그릇 따로, 자기 쓴 그릇 따로 삶는다. 행주도 매일 따로 삶고, 일이 곱절이다. 친구네처럼 부부가 함께 걸려 고생하는 걸 알고서도 내 당부를 새겨듣지 않는다.

바이러스라는 게 조심하지 않으면 한 집에서도 전염되기 십상이다. 지나치게 유난을 떤다고, 자기가 죽을병이라도 들었냐고 불평하던 남편도 어젯밤 자정에 재택 치료가 끝났다. 치료가 끝나도 며칠간은 조심해야 한다는 뉴스 한 줄 없다. 무시무시한 그놈이 우리 집을 방문했으니, 불편해도 3일은 더 철저하게 예방 규칙을 연장할 생각이다. 어디에 그 균이 들러붙어 있을지 모르는 일이므로.

남편 치료가 끝나갈 즈음, 서울 사는 큰딸 집에도 세 명이나 차례로 감염돼 고생했다. 셋이 다 목이 아파 뭘 넘길 수가 없대서 걱정했다. 초등학교 저학년인 작은손자는 예방접종도 못 했을 것이다. 홀로 감염은 피했지만, 걸리고 안 걸리고는 시간문제다.

내가 섬기는 부처님, 큰딸이 공경하는 성모마리아님, 내가 다닌 중학교가 기독교재단이라 늘 기도하고 수업에 들어갔기에 전혀 이질감이 없는 예수님까지 다 불러본다. 가족들 무사하게

이 고비를 잘 지나가게 해달라고 빈다. 아무 신도 모르고 사는 이도 많은데, 우리나라에서 제일 많이 모시는 성자 세 분을 다 우러러 빌었다. 만일 신이 계시다면 나의 믿음이 말석일망정 설마 못 본 체하지는 않으시리라.

진원지인 우한에서 코로나19가 발생해 중국 정부가 쉬쉬하고 있을 때다. 우한에 사는 양심 있는 의사와 팡팡이라는 여성 작가가 위험을 무릅쓰고 이 사실을 소셜 네트워크에 상세하게 올렸다. 900만 명이 넘는 우한 시민이 봉쇄되고, 많은 사람이 죽어 나가는 무서운 전염병임을 그들의 용기 덕분에 온 세상이 다 알았다. 우리나라에도 중국 사람이 코로나를 달고 들어와 첫 확진자가 발표된 게 2020년 1월 21일이다. 오늘이 2022년 3월 23일이니 코로나 속에서 맞는 봄이 벌써 세 번째다.

그사이 우리나라도 미국, 인도, 브라질 등과 함께 확진자 수가 천만 명을 넘은 11번째 국가가 됐단다. 우리나라도 인구수 비례해 다섯 명에 한 명꼴이 감염된 셈이다. 코로나로 사망한 사람이 전 세계에 600만 명이 넘었단다. 초기에는 우리나라가 방역 모범국가로 자랑스러웠다. 어쩌다가 이 지경이 됐을까. 확진자 수가 열 배로 늘어나는 데 걸린 시간이 고작 45일이라니.

 선거에만 온 정신이 팔려서 방역에 손을 놓고 있었던 건 아닐까. 박쥐에서 시작돼 천상갑 따위를 거쳐 사람에게 전파됐다는 코로나19. 미국을 비롯한 유럽에서는 확진자 35%가 '스텔스 오미크론'이란 전염성이 더 강해진 바이러스로 확산하고 있다니, 산 너머 또 산이다.

 다행스럽게도 그 무서운 놈이, 온몸에 가시를 세운 나는 거들떠보지도 않고 우리 집을 빠져나갔다. 그 열흘 동안 신경을 곤두세웠더니 몸살기가 스멀스멀 덮친다.

빈털터리가 된 날

2024년 6월 4일, 드디어 빈털터리가 되었다. 내 명의로 된 서울 동평화시장 1층 가게 3칸을 두 딸에게 5월 초에 증여했다. 오십 평생 도소매업을 하다가, 2년 전 갑자기 닥친 병마에 손들고 가게도 임대로 넘겼다. 내게 마지막으로 남은, 부산 국제시장 2층 가게 3칸마저 오늘 남편 명의로 증여를 해줬다. 거기다 내 명의 정기예금도 만기가 돌아오는 족족 남편 명의로 넘기고 나니 정말 빈털터리가 됐다. 걸친 옷을 모두 벗어 던진 것처럼 후련하다. 한편으론 허전한 마음도 없지 않다. 평생 일해 모은 재산을 훌훌 보내버린 안쓰러움도 있다.

아는 세무사에게 상속세와 증여세를 비교해 보고, 내 경우는 상속세가 훨씬 적게 나온다는 걸 알았다. 큰딸은 상속을 원했다. 작은딸은 증여를 원했다. 상속은 다음에 절차가 무척 까다롭다는 걸 안 남편도, 자식이나 손자들에게까지 도장 받으러 다니기 싫다며 증여를 고집했다. 내가 세상을 떠나기 전에 모든 서류까지도 깔끔하게 해 두고 싶었다. 맑은 정신일 때 서두르자며 다 마무리지었다.

췌장암 3기 항암치료가 잘 끝나고, 별일 없이 십여 개월 잘 지나는가 했다. 웬걸, 3개월마다 하는 정기검진에서 간으로 전이가 되었다는 결과가 나왔다. 의사가 남편만 따로 불렀다. 무슨 말이 오갈지 충분히 상상되는 일이었다. 앞으로 살날이 길어야 1년이라는, 항암 교수의 판정에 남편도 새삼 놀라지는 않은 것 같다. 놀랍지 않은 게 아니라 크게 절망해서인지도 모르겠다. 정리하고 가야 할 일도 많기에 남편을 살살 꼬드기니 의사에게서 들은 말을 순순히 털어놓았다.

6월이 지나면 의사가 말한 내 생명 줄은 6개월로 줄어든다. 하루하루가 금싸라기 같아 값으로 매기지 못할 시간이다. 다시 시작한 항암치료는 일주일마다 한다. 그 전보다 버티기가 훨씬 힘들다. 이러다가 언제 생명 줄을 놓을지 모르겠다 싶어 5월 7일 항암치료 끝난 다음 날 서울에서 다 만나 증여해 주었다.

부산 가게 '덕성사'는 정이 들어 한참을 미루고 망설이다가 달포 정도 늦어졌다. 증여해야 할지 매매해야 할지도 감이 잡히지 않아서다. 요즘 같은 불경기에는 짧은 시일에 매매하기도 쉽지 않다. 더구나 국제시장 2층 가게들은 매입할 때보다 가격이 크게 하락한 상태다. 20여 년 전에 1억 2천에 매입한, 같은 동 남편 명의 가게 두 칸은 몸이 아파 가게를 정리하던 2년 전에 3천3백만 원에 팔았다. 남은 가게 세 칸도 팔아봤자 돈도 안 된다. 해서 우리 부부가 일군 텃밭이고 돈을 번 터전이니 이 가게만큼은 살려두자는 결론이었다.

증여가 끝나고 취득세가 나온 걸 보고 우리는 후회했다. 취득세가 현재 가게 매매가의 십 분의 일이 훨씬 넘었으니 말이다. 가게 시세가 아무리 하락해도 공시지가는 그대로라 어쩔 수가 없다는 중구청 담당 직원의 설명이다. 그제야 마음을 비웠다.

서울에서 증여를 끝낸 자리에서 내 금팔찌 열 돈과 5부 다이아를 넣은 18k 반지를 작은딸에게 주었다. 큰딸에겐 내 금목걸이 열 돈과 남편이 끼던 3부 다이아를 박은 18k 반지를 건넸다. 맨손으로 시작해 동거할 때나 결혼식 때도 반지 하나 제대로 못 맞췄다. 미혼 때 둘이 모은 약간의 돈으로 작은 가게를 개업했기 때문이다. 결혼 20주년 때 기념으로 맞춘, 우리의 처음이자 마지막 패물인 전부도 내 손을 떠났다.

패물도 애들에게 다 주겠다고 말하니, 남편도 손마디가 굵어져서 끼지 못한다며 자기 것도 선뜻 내놓는다. 덕분에 공평하게 딸 둘에게 두 개씩을 나눠 주었다. 별말 없이 동참한 남편 마음이 미쁘고 든든하다. 나는 남편이 보호자로 따라다니지만, 훗날 남편이 병이 들면 간병인을 쓸 수밖에 없을 터. 자식들에게 해줄 만큼 해 줬으니 나 몰라라 하진 않을 것이다. 그래도 자녀들에게 손 내미는 일 없게 남편 명의의 재산은 남편 몫으로 오롯이 남겼다. 부동산을 살 때 남편은 고집부려 부산에다 투자하고, 나는 서울에 투자했다. 남편 부동산은 크게 하락했다. 남은 내 몫까지 남편에게 다 넘겼으니 혼자 남는 남편이 죽을 때까지 쓸 정도는 될 거라 본다.

국제시장에서 도소매 장사를 하면서 남들보다 특별나게 장사를 잘한 건 없다. 단지, 부부가 다 허례허식과는 먼 사람들이라 명품 가방이나 옷 하나 사 본 적이 없다. 가게 일도 내가 세 사람 몫은 충분히 했기에 인건비가 들지 않았다. 이에 재산 형성에도 보탬이 됐을 것이다. 바빠서 여행도 자주 못 다녔다. 오직 일에만 파묻혀 산 세월이었다. 손에서 일을 놓으면 국내 여행이나 다니자고, 4년 전에 처음으로 좋은 외제 차도 하나 샀다.

여유를 갖고 살고자 할 때 하필 난치병이 나를 덮쳤다. 엎친 데 덮친 격이 아니라, 엎침 당해 제대로 내리꽂힌 격이다. 마음먹은 대로 안 되는 게 인생이라더니 살아온 세월이 허무하다. 남편은 인물도 번듯하고 옷걸이도 빠지지 않는 편이다. 노후 삶도 걱정 없다고 소문나면, 일흔셋으로 보이지 않는 외모라 혹 따르는 여자도 있을 터이다. 그리되면 남편보다 일을 많이 해 애서 모은 재산은 딸들에게 반도 돌아가지 못할 게 분명하다. 몸이 아픈 걸 계기로 살아생전에 남은 재산도 마무리하고 싶었던 이유 중 하나다.

가진 재산 전부를 미련 없이 탈탈 털어 주고 나니 마음도 날아갈 듯 가볍다. 집안에 돈 될 만한 보석 하나 없다. 대문을 잠그지 않고 나가더라도 도둑 겁날 게 없다. '천석꾼은 천 가지 걱정, 만석꾼은 만 가지 걱정'이라는 말은, 천석꾼 만석꾼이 아니어도 해당하는 말이었나 보다.

삼도三道 오사五寺 순례

 계묘년 봄에 찾아온 윤달에 삼도 삼사 순례를 못 갔다. 코로나 이후 다니는 절에서도 그 행사가 아예 사라졌다. 앞 윤달에도 친구네와 가까운 지역으로 삼도 삼사 순례를 다녀왔다. 해서 이번 집수리 기간에 한 번 더 가고 싶던 사찰을 돌아보기로 했다.
 불교 신도라면 다들 가봤을 유명한 사찰 먼 곳은 대부분 오래전에 갔다. 윤달이 들었을 때 단체로 가서 주어진 시간에 몰려다녔다. 어떤 사찰이 뭐가 특별한가도 눈여겨볼 틈이 없었던 탓인지, 딱히 당시 남은 기억이 없다.

장마로 접어든 지 일주일째다. 장마와 동시에 시작한 집수리도 일주일째 접어들었다. 이제 일주일만 더 바깥 생활하다가 돌아오면 어수선한 집안도 말끔해져 있을 테지. 어차피 집을 비워주고 숙박업소에서 2주를 보낼 바에야 여행을 다니자고 남편과 합의했다. 비가 아침부터 내리는 중에도 지난주에 못 간 지방으로 가려고 경남 하동으로 향한다. 쌍계사가 첫 목적지다. 쌍계사에서 안내판부터 읽는다.

'쌍계사는 지리산의 남록에 위치한 대한불교 조계종 제13교구 본사이다. 서기 723년(신라 성덕왕 22년)에 삼법, 대비 두 스님이 당나라 6조 혜능 대사의 頂相을 모시고 와서 꿈의 계시대로 눈 속에 칡꽃이 핀 곳을 찾아 정상을 봉안하고 절을 지은 것이 처음이다. 옥천사라 했으나 그 후 정강왕은 가까운 곳에 옥천사가 또 있으니, 산문 밖에는 두 시내가 만난다고 하여 쌍계사라는 사명을 내리셨다. 서산대사의 중창기를 보면 중섬, 혜수 스님의 대대적인 중창이 있었으나 임진왜란으로 폐허가 되었다. 임진왜란 후 벽암, 소요, 인계, 법훈, 용담 스님 등이 중창하였다. 1975년부터 고산 스님에 의해 복원 중수 중창을 거쳐 현재와 같은 대가람의 사격을 갖추고 있다. 문화재로는 국보 1점, 보물 9종, 시도지정 유형문화재 13점, 기념물 1점, 문화재 자료 5점을 보유하고 있다.'

이렇게 유명한 사찰을 불교 역사에 무지한 내가 길게 논할 자격도 없다. 다섯 사찰을 이 글 속에 다 넣으려면 각 절의 역사와 유래만 소개해도 글이 넘칠 것 같다. 다만, 이번에 다녀온 사찰들을 잊지 않기 위해서도, 나처럼 수박 겉핥기식으로 다니는 불자를 위해서라도 절의 소개는 필요하다는 생각이다. 가고 싶은 사찰은 개인적으로 기록을 남겨 두고 싶은 마음도 크다. 기억력이 예전 같지 않고 자꾸 쇠퇴해 잘 잊어버리기 때문이다.

쌍계사를 나와서 구례 화엄사에 왔다.

'사적 제505호인 화엄사는 백제 성왕 22년(544)에 인도에서 온 연기 존자가 창건하였다. 절 이름은 화엄경에서 따서 화엄사라 하였다. 자장법사와 원효성사, 의상대사, 도선국사, 의천 등 여러 고승이 중창하여 조선 세종 6년(1424)에는 선종 대본산으로 승격하였다. 정유재란 때는 대가람인 8원 81암자가 모두 타버렸다. 이때 주지 설홍대사가 승병 153명과 함께 석주진을 지키다가 전사하였다. 인조 8년(1630)에 백암 각성대사가 동·서 오층석탑을 중창하고 중수하였다. 이후 계파당 성능대사가 숙종 25년(1699)에 각황전 중건을 시작하여 숙종 29년(1703)에 중건 불사를 회향하자 선교 양종 대가람으로 승격되었다. 화엄사는 가람 배치 모양이 대웅전과 누문을 잇는 중심축과 각황전과 석등을 연결하는 동서축이 직각을 이루고 있다. 경내에는 국보 제67호 '화엄사 각황전'을 비롯하여 국보 4점, 보물 8점 등 중요 문화재가 있어 역사적 학술적으로 가치가 크다. 화엄사에서 연기암까지 이어지는 화엄숲길은 왕복 약 4km로 피톤치드와 음이온이 다량 발생하여 온몸이 치유되며, 천연기념물로 지정된 올벚나무와 매화는 전국 사진작가들의 사랑을 받고 있다.'

사찰 안내판에서 추려 인용했다. 유명한 올벚나무꽃과 매화꽃을 철이 지나서 못 보는 게 못내 아쉽다.

이제 화엄사와 가까운 천은사로 향한다. 삼사 순례란, 도가 다른 세 절을 하루에 참배하고 오는 불교도의 의식 같은 행사다. 예전에 단체로 화엄사에 왔을 때도 같은 전남이라 천은사는 가지 않은 것 같다. 오늘 가기로 예정된 다섯 절 중 천은사만 초행길이다.

'천은사에는 보물 제1546호인 '금동불감'과 보물 제1340호인 천은사 '괘불탱'이 먼저 눈길을 빼앗는다. 불감은 불상을 모시기 위해 나무나 돌, 쇠 등을 깎아 일반적인 건축물보다 작은 규모로 만든 방이나 집이다. 천은사 금동불감은 정면 전체를 여닫이문으로 만들어 예배나 의식 때만 열어서 보게 하였다. 좌우 문 안쪽 면에는 칼을 든 불법의 수호신 인왕상이 새겨져 있고, 안에는 금동 삼신불(법신불, 불신불, 웅신불)이 있으며, 뒤 벽면에는 법신불인 비로자나 삼존상과 제자상 10명이 새겨져 있다. 높이는 43.3cm이다.'

'괘불은 법당 밖에서 의식을 행할 때 내거는 불화이다. 천은사 괘불은 1673년에 화원인 경심, 지감, 능성 등이 그린 영산회상도이다. 폭 36cm의 삼베 15조각을 이어 붙여 높이 8.94m다. 폭 5.67m의 거대한 화면에 넓고 크게 그렸다. 화면의 중앙에 석가모니 부처가 오른손은 아래로 늘어뜨리고 배에 댄 왼손의 손바닥을 위로 향한 채 두 발을 벌리고 당당하게 서 있다.'

누구나 천은사에 들르면 눈여겨보라고. 천은사에 가면 유명한 보리수나무를 꼭 보고 오라고 한 지인의 말이 생각났다. 나무를 한참을 우러르며 서성거리다 법당으로 들어갔다. 혹여 다음에라도 천은사에 오게 되면 템플스테이에 참가하고 싶다. 고즈넉한 산속에서 불심에 충만해 부처님 가피를 온몸으로 느끼고 싶다.

집수리하느라 집을 비워야 해서 내친김에 대사찰 순례 중이다. 일흔 넘은 우리가 언제 또 이런 절에 올 수 있겠냐며 남편을 설득한 결과다. 오늘은 맘먹고 왔으니 가는 사찰마다 대웅전에 들어가 부처님께 같이 예 올리고, 마누라와 딸 부부 건강도 빌어달라고 하니 남편이 순순히 따른다.

매월 다니는 부산 영화사에도 차로 데려다주면서도 특별한 날이 아니면 법당엔 들어오지 않는 사람이다. 지난해 내가 대수술을 받았으니 부처님께 아내와 딸 부부의 건강을 빌었지 싶다. 나는 살 만큼 살았으니 지금 먼 나라로 가더라도 여한이 없다. 소원이라면, 건강치 못한 딸 부부를 비롯해 어린 손자들과 남편이 건강하게 사는 것이다. 이들 가족 건강을 지켜달라고 두 손 모아 엎드려 빌었다.

올해는 다니는 절의 개금불사에도 남편이 넉넉하게 동참해 주었다. 부산 불교회관 건립에도 성의껏 보탰다. 그러니 어느 절 부처님을 뵈도 뵙기가 덜 민망하다.

절에는 굳이 삼사 순례라는 명목으로만 가는 건 아니다. 보덕화란 법명도 받았지만, 마음의 고향에 안기는 편안함이 있어 들르는 곳이기도 하다. 언제부터인가 청량사 지현 스님의 시가 좋아 휴대전화에 담아 놓고 자주 읊조린다.

바람이 소리를 만나면
꽃이 필까 잎이 질까
아무도 모르는 세계의 저쪽

아득한
어느 먼 나라의 눈 소식이라도 들릴까

바람이 소리를 만나면

저녁연기 가늘게 피어오르는

청량의 산사에 밤이 올까

창호문에 그림자

고요히 어른거릴까

　　　　- 지현 스님, 바람이 소리를 만나면

오토바이로 출퇴근하는 부부

영도로 이사 오면서 부부가 오토바이를 함께 타고 다니기 시작했다. 25년은 된 것 같다. 날마다 오토바이로 출퇴근한다. 자동차는 아파트 주차장에 세워둔다. 자동차는 일요일에 나들이하거나 장거리 여행 때, 또 겨울에만 가끔 타고 나가 바람을 쐰다. 가게 주변에는 월 주차장이 꽤 떨어진 곳에 있다. 그러니 차를 주차하고 빼거나 오가는 시간이 더 걸린다. 오토바이로 5

분이면 집에서 가게까지 출근할 수 있어 월 주차비 십오만 원은 덤으로 저축하는 셈이다.

　비가 많이 오거나 추운 겨울에는 남편이 가게까지 차로 태워 준다. 자신은 다시 집으로 돌아가 비가 주춤할 때 오토바이로 출근한다. 출근을 두 번 하는 셈이다. 이슬비 내리는 날에는 머리에 모자나 두건을 쓰고 남편 등에 착 달라붙어 있으면 순식간에 도착한다. 비 맞을 겨를도 없다. 우산을 쓰고 타보기도 했는데 바람이 부는 방향으로 우산과 몸이 함께 쏠려서 위험해 더 시도하지 않았다.

　보통 아침 8시쯤엔 출근한다. 여름에는 해가 지기 전인 6시에 퇴근한다. 그날 기분에 따라 더러 샛길로 접어들 때도 있다. 바닷가에 진을 친 낚시꾼들 낚시질도 구경하며 영도 섬 구석구석을 누빈다. 종일 가게에 갇혀 있던 내겐 오토바이를 타는 시간이 세상을 구경하는 시간이다.

　며칠 전 일이다. 장마철이라 퇴근 무렵에 비가 쏟아질 것 같아 퇴근을 서둘렀다. 아니나 다를까. 집과 가게의 중간쯤인 영도다리 입구에 다다랐을 때 비가 세차게 쏟아졌다. 남편 마음이 바빠 운전을 서두를세라 "아, 시원하다. 집에 가서 샤워하면 되니까 천천히 가요." "부부는 용감하다. 꼭 우중에 말을 탄 기분이네. 어느 TV 뉴스에도 이 멋진 모습이 나오지 않다니 참 아깝다." 이렇게 큰 소리로 남편을 웃겼다. 비를 맞으며, 남편을 뒤에서 껴안고 바다에 내리는 비를 바라보며 영도다리를 질주하면 나름의 운치가 있다. 승용차를 탄 누군가는 이런 모습을 안쓰러운 눈으로 바라볼지도 모른다. 이들이 우리가 나누는 대화를 듣는다면 오히려 부러워하지 않을까.

비가 오는 날은 오토바이 타는 게 위험하다. 웬만하면 오토바이를 타지 않으려고 한다. 내가 타지 않으면 고집 센 남편은 기어이 혼자 타고는 속도를 내어 달린다. 그걸 알기에 차라리 같이 타고 가며 잔소리하는 게 오히려 마음 편하다.

지난해 장마철이었다. 퇴근해서 동창회에 가느라 오토바이를 타지 않았다. 남편이 혼자 오토바이를 타고 퇴근하다가 영도다리가 끝나는 지점인 영도경찰서 앞에서 사고가 났다. 80대 할머니가 인도에서 비틀거리며 걸어오다가 미끄러지며 3차선으로 넘어졌단다. 남편은 평소처럼 3차선으로 오다가 사람이 차선으로 넘어지니 도와주려고 핸들을 꺾고 급정거했단다. 그런데 다이아몬드형 횡단 보도 예고표시에 타이어가 얹혀 미끄러지며 정강이를 크게 다쳤다. 와중에도 할머니가 걱정돼 다친 다리를 질질 끌며 할머니에게 다가갔다. 가보니 할머니는 멀쩡하고 자기만 다쳐 피가 줄줄 흐르더란다. 순간 짜증이 났나 보다. "비가 오는 날은 들앉았지, 왜 술 자시고 다니시냐?"라고, 자기보다 열댓 살이나 많아 보이는 할머니를 나무랐다가 크게 싸울 뻔했단다.

노인이 되레 고함을 막 질러 혼이 났다고 툴툴댔다. 오토바이와 좀 더 가까이서 넘어졌더라면 할머니가 넘어진 것까지 뒤집어쓸 뻔했다고 혀를 찼다. 마침가락으로 경찰서 앞이라 보초병 경찰이 보았기에 다행이었다. 둘이 탈 때는 항상 조심하는데 혼자라고 방심했던 게다.

오토바이가 위험한 줄 알면서도 탈 수밖에 없는 이유가 있다. 가게에서 오토바이가 필수품이기 때문이다. 우리가 스카프 도소매업을 하니 지방은 택배로 보내고, 시내도 먼 거리나 급한 물건은 당일 퀵서비스로 보내야 한다. 가까운 거리의 소매상들은 물건을 골라놓고 무거우면 배달을 원한다. 그러니 차보다 오토바이가 우리 집에서는 일을 더 많이 한다. 오토바이로 출퇴근하는 이유다.

휴일에도 더러 오토바이를 타고 밖으로 나간다. 차로는 쉽게 들어갈 수 없는 영도 곳곳을 누빈다. 며칠 전에는 태종대 공원 안에 있는 절 태종사 수국 축제에도 다녀왔다. 차가 엄청나게 밀렸는데 우리는 지체하지 않고 룰루랄라 횡하니 다녀왔다.

오늘은 남편이 총각 때 다니던 선박회사도 둘러보았다. 우리가 연애하던 시절, 내가 살았던 영도의 구 전차 종점 부근에도 가봤다. 오토바이는 우리가 심심할 때 타고 다니는, 없어서는 안 될 친근한 벗이요 동반자다.

딱 한 번, 함께 탔을 때 사고가 났다. 보통 때는 남포동으로 가서 영도다리를 건넌다. 그날은 잘 가지 않던 중앙동 우체국 앞 큰 도로 사거리로 갔다. 넓은 사거리만 통과하면 바로 부산대교로 진입한다. 부산대교 끝자락 왼편에 우리 집이 있어 마지막 신호를 따라 도로를 거의 다 건넜을 때다. 신호 대기하던 택시가 신호보다 한발 앞서 급히 출발하다가 오토바이 뒤에 앉은 나를 쳤다. 큰 사고는 아니었는데 그 택시 기사는 아찔했을 것이다. 가게에까지 음료수를 들고 찾아와 죄송하다고 거듭 사죄했다. 개인택시 면허를 곧 따야 하는데 내가 신고라도 하면 낭패란다. 그가 부탁하는 대로 오토바이가 넘어져 다친 상처라며 병원에 며칠 다니며 치료를 받았다.

그날 일진이 서로 나빴을 뿐이라고 여겼다. 자동차나 오토바이나 내가 아무리 운전을 잘해도 운수가 나쁘면 상대방 잘못으로도 내가 다칠 수 있다. 자동차는 큰 사고만 아니면 차만 좀 긁히고 만다. 오토바이 사고는 까딱하면 사망이라고들 말한다. 오죽하면 오토바이 가게에서는, 오토바이 한 대가 팔려나가면 또 과부 한 명 생기겠다고 걱정하며 뒷담들을 하겠는가. 크게 다치지 않은 것만도 천만다행이다. 왼쪽 손등에 그때 상처 자국이 훈장처럼 남아 있다. 설령, 20년을 자동차만 타고 다녔어도 조그만 사고 하나 없으란 법도 없지 않은가.

나는 낙천적이라 오토바이를 매일 즐겁게 타고 다닌다. 보는 이들 입장에서는, 나이 든 사람들이 오토바이를 타고 다니는 게 좋아 보이지만은 않은 것 같다. 다칠까 봐 염려하는 마음과는 다른 성질이다. 체면에 손상이 가지 않나 하는 마음이 깔린 것 같다. 마치, 차가 작으면 안에 탄 주인도 그저 그렇다는 선입견처럼.

작은 오토바이를 타는 우리가 만만해 보인다고나 할까. 그래도 우리는 개의치 않는다. 정말 못 배우고 없이 산다면 제풀에 서럽기도 할 것이다. 우리는 다 대학물을 먹었고, 비싼 차가 필요하지 않다. 겉치레로 내보이는 체면보다는 내적 성숙, 아니 보이지 않는 사회의 질서랄까 양심이랄까 그것을 더 중요시한다. 닮은 게 별로 없는 우리 부부가 그 점에서는 천생 닮았다.

추위에 길고양이들은 어떡하지

계묘년도 일주일밖에 남지 않았다. 부산에 살면서 겪어보지 못한 강추위가 부산 사람을 긴장하게 한다. 옷을 단단히 껴입고 운동 길에 나섰는데도 드러난 살갗은 얼얼하다. 이런 날은 좀 쉬고 싶어도 남편이 가만두지 않는다. 비가 세차게 쏟아지지 않는 한, 날마다 하는 걷기 운동이 생활 일부분이 되었다.

운동하러 나설 때면 길양이들 밥을 챙겨서 나온다. 영도가 섬이다 보니 시장이나 마트에나 싱싱한 생선이 흔하다. 하루 멀다 하고 생선 반찬이 식탁에 오른다. 생선은 매운탕보다는 구운 생선이라야 고양이들에게 줄 수 있어 생선을 자주 굽는다. 생선 살을 대충 발라 먹고 대가리만 길양이 주자는 남편에게 때로 잔소리도 했다. 요즘은 남편도 고양이를 좋아해 먹이를 나보다 더 챙긴다. 아파트 산책길에서 빠르게 걷다가도 고양이가 보이면 다가가서 '야홍' 하고 말을 건다. '야홍'으로 답하는 새끼들에게 흥미 붙었나 보다. 남편 혼자 나갈 때도 고양이 먹을 게 없냐고 묻는다. 그도 그럴 것이 지난봄에 새끼를 몇이나 낳아 그들 가족이 늘었기 때문이다.

 강추위가 덮친 어젯밤, 이 추위에 길양이 새끼들은 어떻게 밤을 보낼까 하는 걱정에 이르자 잠이 확 달아났다. 벌떡 일어나 읽던 책을 보다가 잤다. 고양이를 잡을 수만 있다면 옷이라도 사다 입히고 싶다. 쉽게 잡힐 길양이가 아니다. 내 음성과 얼굴을 알만할 텐데도, 다가가서 '야홍' 하고 아는 체하면 '야홍' 하며 응답하면서도 쓰다듬으려 하면 잽싸게 달아나 버린다. 옷을 입힐 수 있다고 해도 주민들 눈총이 따가워 시도할 일은 못 된다. 고양이를 싫어하는 사람들 눈을 피해 먹이도 살짝 주는 실정이다.

　내가 괜한 걱정한 게 아니었다. 어젯밤 추위에 고양이들이 얼마나 떨었던지, 낮에 나가 보니 쌀쌀한 데도 모두 나와 옹기종기 모여서 햇볕을 쬐고 있다. 아파트 정원과 맞닿은 이웃 사무실 양철 지붕 위에 서로 몸을 붙이고 늘어져 누웠다. 여태껏 못 본 광경이다. 헤아려 보니 덩치 큰 두 마리와 새끼까지 합해 앞 동에만 일곱 마리다. 뒷동 산책로에도, 옆 동에도 그 수만큼 더 있으니 열댓 마리는 되겠다. 예전엔 아파트에서 곳곳에 대여섯 채 고양이 집을 만들어 주어 겨울나기를 걱정하지 않았다. 요즘은 주민 반대 때문인지 고양이 집을 철거하고 보이지 않는다.

　새끼들은 한두 마리씩 다니다가 검정 비닐을 든 내가 가면 멈칫거리며 뒤따라온다. 사람들 눈에 잘 보이지 않는 나무 뒤에 먹이를 놔주면 금방 달려들어 먹곤 한다. 길양이가 보이지 않는 날은 먹이를 정해진 장소에 놔두고 '야홍, 야홍' 두세 번 부르면, 어디에 있었는지 금방 나타난다. 길양이들 밥을 들고 갈 때는 싫어하는 사람들 눈치를 볼 수밖에 없다. 슬며시 감추고 의자에 앉았다가 산책길 사람들이 지나가고 난 뒤에 주고 온다. 형제들 성격도 제각각인데 고양이를 좋아하지 않는다고 나무랄 일은 아니지 않은가. 고양이 개체가 늘어나는 것도 문제이긴 하겠다. 그래도 아직 어린 고양이가 굶어 죽는 걸 보는 것도 사람이 할 노릇은 아니지 싶다.

어떤 이는 고양이 사료와 물을 잔뜩 부어놓고 가기도 한다. 그래서인지 사료는 남아 있는데 우리가 준 생선은 다음 날이면 뼈째 온데간데없이 사라진다. 한동안 고양이 사료가 보이지 않기에 얼굴도 모르는 그이가 병으로 입원이라도 했나 싶었다. 마트에서 좋은 영양이 포함됐다는 사료를 사다 놔도 생선만큼은 인기가 없다. 역시 고양이 앞에 생선이라고, 밥은 잘 안 먹으면서도 생선 비린내 묻은 접시에다 밥을 살짝 비벼 주면 밥도 같이 없어진다. 새끼들에게는 굵은 생선 뼈는 추려내고 생선 살도 덤으로 얹어준다.

돌아보면 우리 부부가 유달리 길양이를 그냥 지나치지 못하게 된 연유가 있다. 큰딸이 서울에서 대학생 때부터 고양이 새끼 한 마리를 분양받아 애지중지 키웠다. 검정과 겨자색이 혼합된 덩치 큰 멋진 외래종이었다. 고양이 새끼까지 제 손으로 받아 키운 딸은, 힘들게 낳은 새끼 세 마리를 어미에게서 차마 다 떼어내지 못해 수컷 한 마리를 남겼단다. 그 새끼가 어미와 덩치가 같아지자 온 집을 난장판으로 만들었다. 털이 날리고 냄새나는 것도 문제지만, 벽지까지 다 뜯어놓았다. 냄새에 예민한 남편은 애들 집에만 가면 고양이 문제로 딸과 삐걱거렸다. 큰딸이 미국 유학 중일 때는 작은딸이 서울로 대학 진학하며 의지가 된다고 고양이를 돌보았다.

이후 작은딸은 졸업 후 일본으로 취직해 갔다. 큰딸은 결혼하고 신랑을 따라 한동안 미국으로 가야 했다. 고양이가 걱정이었다. 대학생인 시동생에게 고양이를 돌봐 달라고 그 아파트에 데려다 놓고 미국으로 떠났다. 문제는 엉뚱하게 발생했다. 딸이 미국으로 떠나자마자 고양이를 떼놔야겠다고 남편이 서둘렀다. 사돈총각이 없는 낮에 그 집에 들러 고양이를 데려간다는 메모만 남기고 시골로 내려갔다. 덩치 큰 날렵한 고양이 두 마리가 그물 올가미를 피해 달아나는 바람에 교대로 잡느라 몸에 상처까지 입고 왔다.

시골 큰집에는 오토바이 사고를 당한 형님이 늘 집에 있었다. 말벗도 되고 고양이도 아파트보다 훨씬 좋은 환경이니 일거양득 아니냐고. 고양이 시골살이를 반대하는 나를 설득했다. 그

보다 고양이 때문에 큰애에게 아기가 늦어지는 게 아닐까 하는 기우도 살짝 들던 참이었다. 남편은 이참에 고양이를 옮겨놨다가 일 년 후 딸 부부가 돌아와 애들 낳아 키우고 나면 도로 데려다주겠다고 나와 약속했다. 남편 철갑 고집을 꺾을 수 없어 나도 반허락하고 말았다.

그렇게 고양이를 시골로 데려갔다. 고양이가 일단 주인과 얼굴을 익힐 동안만 가둬 놓자며 비어있는 넓은 철망 개집에 넣으려는 순간, 꾀 많고 약삭빠른 어미 고양이가 도망치고 말았다. 잽싼 고양이를 잡을 수가 없었다.

딸 둘이 고양이를 무척 좋아하는 데다, 내가 고양이를 지켜주겠다고 큰딸과 약속한 바도 있다. 남편에게, 고양이를 찾을 때까지 집으로 올 생각도 하지 말라고 엄포를 놓았다. 남편이 아예 시골에 이삼일 머물면서 고양이를 백방으로 찾아 헤맸다. 끝내 실패했다. 미국에선 딸이 울고불고 난리가 났다. 고양이를 찾으러 바로 한국으로 나온다는 걸 제 아빠가 호적을 파겠다고 난리를 쳐서 겨우 말렸다.

결국, 가까운 일본에 있던 작은애가 연락도 없이 나왔다. 고양이에게 특식으로 주던 통조림 캔을 두드리며 '마키야' 하고 이름을 부르며 동네를 몇 바퀴 헤매다가 찾지 못하고 돌아갔다. 나는 가게 일 때문에 시골로 가지 못하고 형님에게 전화로 부탁만 했다. 이러이러한 고양이를 찾아주면 사례하겠다고, 동네 방송을 몇 번이나 했단다. 비슷한 고양이가 와 있다고 연락이 와서 가보면, 그 집 개밥만 축내고 가버린 후였단다.

하는 수 없이 남편은 남은 수컷 한 마리를 싣고 다시 경기도 양평으로 갔다. 그때만 해도 우리가 사는 아파트는 숲이 조성된 지 얼마 안 된 새 아파트였다. 주변에 길양이들이 아예 없었다. 요즘 같았으면 이곳에 풀어놓고 얼마든지 돌볼 수도 있었을 것이다.

큰 개 두 마리가 있는 양평 우리 농장에다 데려다 놨다. 가까이 사는 오빠에게 농장 관리를 맡긴 곳인데, 고양이는 주인처럼 열린 창문으로 드나들며 자유롭게 돌아다녔다. 오빠가 식당을 하고 있어 개와 고양이 먹이도 충분하게 나왔다. 사료는 비상용으로 한가득 따로 부어놓았다. 개는 줄을 매어 놓고 운동할 때만 풀어주었다.

농장은 동네에서 도보로 3~4분 떨어진 외진 산 밑이다. 고양이가 저 혼자라 외로웠던가 보다. 개집 앞을 오가는 게 묶인 개

두 마리 신경을 거슬리게 했던가 보다. 고양이는 개와 같이 놀고 싶어서 그랬는지도 모를 일이다. 어느 여름 비수기에 남편이 농장에 풀 베러 갔다가 개를 운동시키느라 풀어놓고 밭에서 일하고 있었단다. 집 밖으로 고양이가 나오자 그동안 벼른 듯 개들이 달려들어 고양이를 순식간에 물어 죽였단다.

딸네 고양이 둘을 한 마리도 지키지 못하고 허망하게 잃어버렸다. 딸들에게도 미안하고 고양이들에겐 죄지은 마음이 쉬 가시지 않았다. 그 일이 있고 나서일 것이다. 아파트 산책로에서 만난 길양이에게 먹이를 주기 시작한 것이. 마음의 빚을 조금이나마 덜어 보려는 뜻도 있었을 것이다.

집안에 생기 왕성한 고양이 두 마리를 두면 살림살이가 남아나지 않을 것 같았다. 애들이 고양이 문제로 고심할 때, 집으로 데려오라고 말하지 못한 게 두고두고 마음에 걸린다. 문이 없는 넓은 찬장에 진열된 그릇, 베란다에 쉰 개나 되는 꽃 화분, 이들뿐 아니라 장독들도 포기해야 할 것 같아 우리 집에는 데려올 수가 없었다. 애들 집에도, 농장에도, 벽지 하나 제대로 남아 있지 않았기 때문이다.

경험으로 볼 때, 아파트에서 고양이를 키운다는 건 살림살이를 포기하는 것과 같다. 아무리 고양이를 좋아해도 전원주택이나 시골집에서 키울 장소가 없으면 고양이 분양은 꿈도 꾸지 말라고 조언하고 싶다. 대신, 길양이들에게 먹이를 주는 행동은 탓하지 않았으면 좋겠다. 그들도 이 세상을 살아갈 자격이 있고 사랑받아야 할 생명이 아닌가.

4부

날마다 맥문동을 바라보며 / 가마솥더위
감 따러 가자 / 계묘년도 저물고
물난리는 진행 중 / 새해 덕담
생일에 활짝 핀 영산홍 / 하필 장마 시작되고
글, 글쓰기

국제신문 / 박현주의 그곳에서 만난 책 · 박현주

영산홍을 꽃이 닳도록, 눈이 빠지도록, 어쩌면 꽃과 내가 서로 취해 바라보길 열흘쯤. 엊그제부터 몇 송이씩 꽃이 지고, 늦게 핀 꽃송이는 아직도 꽃 색이 한창이다. 3월 중순까지는 내 눈과 마음을 호강시켜 줄 것 같다. 나도 꽃과 약속했다. 꽃 지고 난 4월 초엔 외관도 말끔히 단장해 넓고 예쁜 집으로 이사해 주겠다고. 이리 예쁘게 피어 웃음꽃 머금게 한 보상이라고.

날마다 맥문동을 바라보며

　지금 사는 아파트로 이사 온 지 삼십여 해다. 오래된 아파트라 요즘 짓는 아파트보다 앞 동과 거리가 멀다. 바다도 가깝고 공기도 맑다. 700 가구가 좀 안 되는 다섯 동짜리 아파트 외벽을 따라 화단을 넓게 조성해 철 따라 피는 꽃이 대를 이어 피고 진다. 나무가 에워싼 산책길엔 갖가지 푸른 나무가 공기를 정화해 주고 새들 터전이 되어 준다. 나무, 새, 길고양이 모두가 산책길에서 만나는 동무다. 이곳을 떠나지 못하는 이유 중 하나다.

　새 아파트로 입주했을 때는 갓 심은 어린나무였다. 서른한 해가 지나 내가 할머니가 되고, 키가 짜부라드는 동안 저들도 얼마나 키를 키웠는지 모른다. 산책할 때마다 짜리몽땅한 키로 치켜 올려다보며 간밤 안부를 묻는다. 벚나무 소나무 향나무 인도야자 이팝나무 등나무 목련 무화과 파초 동백 배롱나무 회양목 앵두나무 찔레꽃 철쭉 접시꽃 수국 장미 국화 나리꽃 원추리 모란 털머위 맥문동…, 이 외 이름 모르는 꽃나무와 야생화가 지천으로 널렸다.

　산과 들로 둘러싸인 시골에서 자라서인지, 초록빛 나무가 꽃보다 더 좋다. 화려하고 예쁘지만 잠깐 피었다가 휘리릭 가버리는 꽃보다도, 사철 푸른 나무를 바라보면 언제나 마음이 푸근하고 넉넉해진다. 그중에서도 맥문동은 큼직한 나무 아래나 길거리 가로수 아래 흔하게 널렸다. 너무 흔해서 처음엔 눈길조차 주지 않았다. 온 화단에 보라색 꽃을 피워올렸을 때만 예쁘다며 치하하는 인사만 건넸다. 빠른 걸음으로 아파트 일곱 바퀴(6,000보 정도)를 돌아야 하루 운동량을 채운다. 보폭이 큰 남편을 쫓아가기에 바쁜 중에도 맥문동 길을 지날 땐 기분이 환하다.

췌장암 수술을 받기 전만 해도 가게 일이 바빴다. 아파트를 뱅뱅 돌며 걷기 운동을 할 시간적 여유조차 없었다. 2022년 유월 초에 암 선고를 받고 급히 가게를 넘겼다. 결혼하기 반년 전에 개업해서 오십여 년을 키워온, 스카프 류를 판 도소매상이다. 내가 주로 운영했다. 남편은 직장을 그만두고 보조역할을 했지만 내가 없이는 정상 영업이 어려웠다. 수술하고 2개월 후부터는 보디가드를 자청한 남편과 함께 매일 한 시간여 걷기 운동하며 꽃나무와 눈을 맞추는 여유가 생겼다.

화려한 꽃보다 유달리 잎만 무성한 맥문동에 관심이 가기 시작한 것도 불과 한 달 전쯤부터다. 바다가 가까운 우리 동 뒤쪽 산책길 도롯가에 무리지어 자라는 맥문동을 보았다. 그 겨울 바닷바람의 거센 추위에 겉 이파리가 회색빛을 띠면서 거무스름하게 변해갔다. 춥고 어두운 겨울을 견뎌내고, 봄이 오자마자 연초록 새싹이 안에서 돋아났다. 작년 드센 잎은, 사월 중순쯤 되자 누리끼리하게 퇴색하며 차차로 물러나고 새잎이 무성해졌다.

햇볕이 반나절 머무는 앞 동, 뒷동네 큰 나무 밑동 근처, 며칠씩의 차이는 있지만 새 세대에 자리를 내주는 기적은 동시에 일어나고 있었던 게다. 참으로 오묘한 자연의 섭리가 아닌가. 소리 없는 아우성이 그들 내부에 분명 존재하고 있었다. 어린 새싹이 얼마쯤 자라길 기다렸다가 센 바람에도 쓰러지지 않을 만큼 자랐을 때 슬며시 물러나는, 자연의 진리가 그들에게 있던 것이다. 이를 발견한 놀라움을 기적이라 명명하며, 혹 나도 기적을 바랄까 싶어지는 것이다.

나이가 팔십이 되었다고, 살 만큼 살았다고 해서 염치 차려 한꺼번에 없어지는 게 아니라 시나브로 사라지듯. 그들도 자손이 어느 정도 자립했을 때 뒤로 슬금슬금 나앉는다는 게, 근 보름 남짓 관찰한 내 눈에 확연히 들어온다. 임무를 다하고 사라져도 그냥 없어지는 게 아니다. 그 뿌리는 우리 인간의 폐 질환에 유익한 약효를 남긴다. 한세상을 보람 있게 살다 가는 흔적인 것이다.

볼수록 신기해 휴대전화기에 사진으로 몇 컷 담았다. 내가 만일 운이 좋아 네 번째 책을 낼 시간을 벌 수 있다면, 맥문동이 산책로 따라 쭉 늘어서서 새싹에 자리바꿈하는 사진도 같이 올리고 싶다. 어디 맥문동뿐이랴. 사철 푸른 상록수들도 계절이 바뀔 때마다 묵은 잎은 시나브로 떨구고 새잎으로 자리바꿈하는 것을.

온 세상이 그렇게 소리소문없이 대를 잇고 돌아가고 있음을, 그간 눈에 보이지 않아 알아보지도 생각지도 못했다. '중요한 것은 눈으로 보이지 않는다'라고 생텍쥐페리가 〈어린 왕자〉에서 말하지만, 그렇게 깊은 의미인지 인식하지 못했다. 맥문동 하나에도 세상 이치가 다 들어있음을 이제야 느끼고 본다.

'구 세 십 세, 서로 겹쳐 어우러져 돌아가도 혼란하지 아니하고 따로따로 이뤄졌네.' 불교 경전 법성게에 나오는 이 한 대목도 요즘 어찌 이리 와닿는지. 나태주 시인도 '풀꽃'에서 '자세히 보아야 예쁘다/ 오래 보아야 사랑스럽다'라고 했다. 이런 시구詩句가 마음에 스미는 요즘이다.

며칠째 대자연의 흐름 앞에서 크게 배우는 중이다. 사람이고 식물이고 생명 있는 모든 것은 다음 대를 위해 때가 되면 미련 없이 자리를 내어주어야 한다는 것을. 그게 자연의 법칙이고 무언의 질서라는 진실을.

맥문동 푸른 잎이 세대를 바꾸어 나날이 푸르러지는 걸 보며, 나도 푸르게 살다가 한 줌 아쉬움 없이 가야겠다는 것을 저들에게서 배운다.

가마솥더위

유례없는 찜통더위다. 기상청 예보는 111년 만에 찾아온 가마솥더위라 한다. 강원도 홍천이 41도를 기록했고, 내륙지방은 38~39도를 오르내렸다. 사방이 바다인, 내가 사는 부산도 며칠째 35도를 기록했다. 1994년 이후로 최고 더위라는 실감이 난다.

폭염 원인은 다 알다시피 지구온난화다. 열돔 현상으로 고기

압이 지구 북반구를 감싸고 있으면서 열이 빠져나가지 못해 일어나는 현상이란다. 문제는 이런 무더위가 어쩌다가 한 번쯤 있는 기이한 일이 아니라, 앞으로 일상이 될 가능성이 있다는 점이다. 몇십 년 후에는 우리나라가 아열대기후로 변할 것이라는 학자들 의견이 있다고 하니 심히 우려스럽다.

이런 더위에 하필 가게 에어컨이 고장 났다. 정확히 말하면 우리만 쓰는 우리 가게 전용 에어컨이 아니고, 국제시장 3공구 2층 전체가 쓰는 에어컨이다. 며칠 전부터 골골거리긴 했다. 이날 아침엔 틀자마자 노인 기침 소리처럼 컥컥거리더니 기어이 풀썩 꺼져버렸다. 설치한 지 스무 해고, 근래 찜통더위에 연일 풀가동했으니 그럴 만도 하다.

국제시장 우리 공구 조합장을 맡고 있는 남편이 에어컨 기사에게 연락했다. 메뚜기도 한철이라고, 다음 날 오후쯤에야 들를 수 있겠단다. 오매불망 수리기사가 오기만을 기다릴 뿐, 달리 방도가 없다. 이런 날씨에 에어컨이 고장 나면 시장 사람들 몸도 신경도 달아오를 것이다.

20년 전쯤, 냉난방이 우리 공구에 처음 들어왔다. 워낙 추위와 더위가 몸에 밴 우리야 한 이틀 에어컨이 없다고 유난을 떨

것도 없다. 그러나 가게를 찾아온 손님이나 젊은이들은 짜증 낼 만도 하다. 비상용 선풍기를 곳곳에 틀어놔도 에어컨에 길든 요즘 사람들에게는 간에 기별도 안 가는 눈치다. 그도 그럴 것이 선풍기는 고정된 곳에 매달려 있고, 물건 떼러 온 손님들은 여기저기 돌아다니며 물건을 골라야 하니 열도 날 테니까.

더워도 너무 더워서일까. 일거리가 없는 노인들은 도시락을 싸 들고 공항으로 출퇴근한다는 뉴스도 나온다. 시원한 전철도 공짜이니 마음 맞는 친구만 있다면, 아니 혼자면 어떤가. 그도 괜찮은 방법이겠다. 종일 공짜 피서하고, 세계 사람들도 구경하고. 하루 이틀은 할만하겠다. 혹여, 공짜 피서한다는 소문이라도 나면 눈치 보여 애용할 수 있으랴만.

나는 추위를 많이 타는 편이다. 반면 더위는 별로 타지 않는다. 해서 여름에도 찬 음식을 싫어해 냉 음료수도 잘 마시지 않는다. 오늘은 얼마나 덥던지 모처럼 냉콩국수를 먹고 냉커피도 마셨다. 이 더위에 에어컨마저 고장 나 속도 펄펄 끓었다.

우리나라뿐만 아니라 전 세계가 한 솥 안인 듯 벌겋게 달아올랐다. 2016년 기준 1인당 플라스틱 사용량이 세계에서 가장 많은 나라가 우리나라란다. 설마 싶다가도 아파트에 재활용 쓰레기가 쌓이는 걸 보면 그럴 수도 있겠다 싶다. 더 큰 자연의 재앙을 막으려면 이제부터라도 세계가 한마음으로, 그전에 나부터 먼저 재활용 쓰레기 줄이는 일에 동참하는 게 우선이겠다.

 퇴근해 집에 들어서면 창문부터 연다. 시원한 바다가 훤히 내려다보인다. 에어컨이 고장 난 가게에 있다가 바다를 보니 좀 살겠다. 저 아랫동네 단층 슬레이트 지붕의 집들은 얼마나 더울까. 다닥다닥 붙어 바람도 통하지 않을 것만 같다. 저곳 사람들은 이 찜통더위를 어떻게 견딜까. 우리 고층 아파트가 옆에서 바람을 막아 그들이 더 덥지나 않을까. 내려다볼 때마다 마음이 쓰인다.

 저들도 이 찜통더위를 묵묵히 견디거늘, 고층에 살면서 덥다고 노래 부르자니 왠지 죄짓는 것 같다.

감 따러 가자

아침부터 서둘러 남편과 진영으로 향한다. 초등학교 때 소풍 가는 설렘이 동반한다. 가는 길에 밀감을 한 상자 사고, 미리 챙겨둔 머플러 스카프도 선물로 가져간다. 우리 부부는 시골 한동네에서 자랐지만, 우리 집에는 그 흔한 감나무가 한 그루도 없었다. 감을 한 번도 따 본 적이 없다. 남편 집에는 큰 감나무가 한 그루 있어서 긴 장대로 감을 따 보았단다. 집에 있는 접는 사다리를 가져갈 건지를 초대한 지인에게 물어보며 남편도 나보다 더 달떴다.

　우리가 가는 곳은 큰딸 과학고 동기 어머니의 언니네 감밭이다. 동기 어머니가 언니 집에 감 따러 가는데 그쪽 감이 맛있으니 한 상자 부쳐준다고 우리 집 주소를 물었다. 남편에게 그 말을 전했더니 우리도 감 따러 가잔다. 시골은 일손이 모자랄 거라고. 감도 따 주고, 맛있는 감도 얻어오고 힐링할 생각만으로도 기분이 붕 뜬다.

　애들이 과학고 다닐 때는 지인 부부의 소탈한 성격이 좋아서 이 담에 우리 사돈 하자고, 남편이 늘 농담했던 사이다. 떡 줄 사람에겐 물어보지도 않고 부모가 김칫국부터 마신 셈이다. 가슴 아픈 일은 지난해 그 지인의 남편이 세상을 떠난 일이다. 나도 비슷한 시기에 췌장암 수술로 서울의 병원에 있었기에 연락을 받지 못했다. 안타까운 마음이 컸지만 달리 찾아갈 상황도 안 되었다. 감도 따고, 지인 얼굴도 볼 겸, 겸사겸사 가는 길이다.

　오늘 가는 감밭은, 진영을 지나 수산 인근에 있었다. 오전 열 시경에 도착했는데 지인은 벌써 와 있다. 이슬이 좀 말라야 감을 딸 수 있단다. 가볍게 수인사만 하고 달콤한 꿀차를 마시고 감밭으로 향한다. 땅으로 뻗친 듯 키 작은 감나무에 감이 탐스럽게 열렸다. 나뭇가지가 힘겨워 보일 정도다. 감 따는 법을 시범으로 보여주는 지인의 형부에게서 요령을 익히자마자 바로 감 따기에 들어갔다.

　개량종인지, 나무가 나지막하다. 부러 감 따기 편하라고, 위로 뻗치는 가지를 자르는지도 모르겠다. 키가 작달막한 내가 따기에도 별 불편함이 없다. 진한 오렌지색 단감을 감 따는 작은 가위로 싹둑 잘라 노란 플라스틱 네모 상자에 담는다. 잘 익은 감을 골라 따니 어릴 때 주워 먹은 시퍼렇고 떫은 땡감 생각이 절로 난다.

　고향 텃밭 둑에 초등학교 같은 반 여자 동무네 큰 감나무가 한 그루 있었다. 감나무는 동무네 밭쪽으로 기울어져 있었지만, 윗가지는 우리 밭쪽으로 뻗었다. 바람이 세게 부는 날 아침에, 눈 뜨자마자 텃밭으로 가보면 감이 몇 개 떨어져 있곤 했다. 둑 아래는 친구네 밭이니 감이 떨어져 있어도 못 들어간다. 우리 밭에 떨어진 감만 누가 볼까 살피며 얼른 주워 왔다. 친구네 집 대문이 우리 밭쪽을 향한 데다, 그 식구들이 아침마다 물동이를 이고 들락거려 주위를 살펴야 했다.

　친구네 집엔 그 뒤안에도 감나무가 여럿 있었다. 떨어진 풋감에는 별로 신경을 쓰지 않았다. 그래도 행여 감 주워갔다고 소문이라도 낼까 싶어 신경이 쓰였다. 어쩌다 밭둑에 떨어진 감 두어 개 줍는데도 가슴이 벌떡거려 다시 눈을 돌리지 않았다.

　집에 오면 해야 할 일거리가 많았다. 학교가 파하면 놀고 싶어도 서둘러 귀가하기 바빴다. 나는 집안 사정상 동네 회관에서 한글을 대충 떼고 삼 학년으로 바로 월반했다. 그래도 공부는 한 살 아래인 감나무 집 애보다 잘했던 때문인지, 우린 친구처럼 지내지 못한 것같다. 그 아이는 방과 후에도 남아 구구단을 외우는 등, 더러 바로 집으로 오지 못하고 붙들려 있었다.

　학교는 왕복 한 시간이 걸리는 거리였다. 둘이 등하굣길을 같이 걸어본 기억조차 없다. 어쩌다 각자의 텃밭에서 마주친 적도 있긴 했다. 감을 흔하게 보는 그 애는, 감을 엄청나게 먹고 싶어 하는 옆집 애의 마음을 도통 알지 못했으리라. 동네 아이들 소꿉놀이에도 얼굴 한 번 내밀지 않던 그 애를 전혀 궁금해 하지 않았던 무뚝뚝한 나처럼. 4, 5, 6학년을 한 반에서 공부했지만, 졸업 후에 나는 부산으로 왔다. 그녀는 동창회에도 나오지 않아 소식도 어쩌다 풍문으로만 들었다.

　주워 온 대봉 풋감은 찬물에 담가 며칠 삭히면 그리 떫지도 않고 먹을 만했다. 감이 너무 먹고 싶은 마음에 감이 삭는 며칠을 기다리지 못하고 덥석 베어 물기도 했다. 떫어서 오만상을 찌푸리면서도 아까워서 버리지 못하고 목이 메는데도 다 먹었다. "땡감 먹다 얹히면 약도 없다."라고 걱정하며 지켜보시던 어머니가 마냥 그립다.

　우리 집 뒤 울타리를 따라 뽕나무가 나란히 줄지어 있었다. 큰 동네로 넘어가는 길가 울타리가 산딸기나무 울타리라서 오디와 딸기는 실컷 따 먹었다. 오빠는 중학교를 졸업하자 언니와 함께 부산 국제시장 도매상 점원으로 취직해 가고, 집엔 어머니와 여동생뿐이라 감이든 뭐든 먹을거리가 썩 많이 필요하지는 않았다.

　남편은 형제가 많다. 마당에 있는 큰 감나무 하나로, 감이 익는 순서대로 따 먹으려니 형제끼리 감을 서로 더 먹으려고 눈을 붉히기도 했단다. 감을 유달리 좋아하는 남편은 말을 배우기 전부터 감을 좋아했던가 보다. 익지도 않은 감을 안 따 준다고 감나무를 쳐다보며 떼를 썼단다. '감이노, 감이노' 손짓으로 소리치다가 형과 누나들에게 눈총을 받았다고 한다. 감을 먹을 때마다 생각나는지 했던 말을 또 한다. 이런 사연을 아는 나는, 감이 나오는 철이면 실컷 먹으라고 홍시고 단감이고 보이는 대로 사다 나른다.

　감이라면 생각나는 사람이 또 있다. 사하구 장림에 사는 초등학교 남자 동창생이다. 아파트가 대세인 세상에 유독 그는 일반 주택을 십수 년째 고수하며 살고 있다. 삼 년 전인가. 그 집 마당 감나무에 감이 주렁주렁 열렸는데 아까워 못 따겠다고, 감상만 하노라고. 감에 바치는 시詩 한 수 지어 보내 줄 수 있겠냐는 문자가 왔다. 시답잖은 여사친을 시험하나 싶은 오기에 그날 밤, 잠을 쫓아내며 '감홍시' 시詩 두 편을 지어 보냈다. 며칠 후 퇴근하니 주렁주렁 달린 대봉 홍시를 가지째 꺾어 아파트 대문에 걸어두고 갔다.

　세상에나! 바쁜 사람이 장림에서 영도까지 거리가 어디라고. 왔으면 얼굴이나 보고 저녁이나 먹고 가지. 시 지어준 값이라고 말을 안 해도 알 것 같았다. 새들이 혹 흠집이라도 낼까 봐, 그물까지 씌워서 익혀 고이 들고 온 정성에 차마 감을 바로 먹을 수가 없었다. 거실에 걸어두고 실컷 눈요기만 하다가 가지에서 떨어지기 직전에 맛있게 먹은 적이 있다.

어느 해엔 하동이 고향인 중학교 동창 자매도 고향으로 귀농해 농사지은 대봉감을 한 상자나 보내왔다. 감을 빨리 익히려면 감 상자 안에 사과를 몇 개 넣어두라는 조언도 잊지 않았다. 금방 딴 감이라 빨리 먹고 싶어 안달이 났다. 감 상자 안에 사과를 넣어두고 매일 들여다보며 눌러보고, 익는 대로 골라 먹으며 감 포식을 한 적도 있다. 감을 따니 감 추억이 한꺼번에 소환된다. 감나무에 매달린 감처럼 주렁주렁 달려 나온다.

처음 따보는 감을 잘 딸 수 있겠느냐고, 염려하는 지인 언니에게 '남의 속에 든 글도 배우는데 이까짓 감 따기는 식은 죽 먹기'라고 큰소리쳤다. 시골 일은 많이 해봤기에 일이 금세 손에 익었다. 방귀 질나자 보리양식 떨어진다고 하더니, 일에 손이 익어 재미 붙이자 그만 따라고 하니 섭섭하다.

감을 고작 두어 시간 땄는데 벌써 점심 먹으러 가잔다. 일하는 사람에게는 새참이나 식사가 가장 반갑다. 감 따느라고 시장했던가 보다. 감밭이 우포늪과 가까워서 차를 타고 나가니 여기저기 보이는 게 식당이다. 어떤 음식이든 꿀맛일 것이다.

감 따는 일은 오전 작업으로 끝이다. 천여 평이 될락 말락 한

밭에 팔십 대 노부부가 소일삼아 운동 삼아 하는 감밭이었다. 감을 미리 따 둬도 안 되고, 주문이 들어오는 대로 익은 것만 골라서 주문 당일에 따야 한단다. 지인 언니는 계속 들어오는 주문을 받느라, 감 따느라 바쁘다. 지인의 형부도 우리가 따 놓은 감을 선별해 상자에 담느라고 분주하다. 남편은 감도 따고 무거운 감을 찻길까지 옮기느라, 여자들이 할 수 없는 일을 하느라 힘 좀 썼다.

종일 감을 딸 줄 알았다. 해서 "점심은 우리가 살 테니 감을 두 박스 주세요. 대신 좋은 것은 팔고 못난 것으로요."라고 말한 게 죄송하다. 집에 와서 보니 감이 다 상품이다. 진영감은 다 알아주는 맛이 아닌가. 맛있는 오리구이로 점심을 대접하고 돌아오려니 텃밭에서 키운 쌈배추와 무 대추까지 한 보따리 안긴다. 시골 친정어머니가 딸에게 챙겨주는 마음 같다. 지인은 언니 댁에 며칠 머물며 감을 더 따 주고 돌아갈 모양이다. 그가 추천하는 대로 돌아오는 길에 부근 마금산온천에 들러 목욕까지 개운하게 했다.

소녀 시절, 시골에서 십여(6~16세) 해 살았지만, 키 낮은 감나무가 온 밭에 널리고 탐스러운 감이 주렁주렁 달린 건 처음 보앉다. 차로 지나가며 발갛게 익어가는 늦가을 감을 먼발치로 황홀하게 바라보던 눈과 마음이 크게 호강했다.

 오늘 하루, 감도 따고 감도 실컷 먹고 힐링하며 잘 보냈다. 나도 혹여 꿈꾸던 전원주택에 살게 된다면 감나무 몇 그루는 꼭 심으리라. 감이 열리면 나무 꼭대기에 매달린 여남은 개는, 부는 바람에 떨어질까 조마조마하게 바라보며 까치밥으로 남겨놓고.

계묘년도 저물고

"한 해가 다 갔다. 연말에만 할 수 있는 이 특별한 말을 차곡차곡 쌓다 보면 어디에 도착할까. 우리는 분명 '한 생애가 다 갔다'라는 말과 마주하게 될 것이다."

이 글은 계묘년 연말에 동아일보에 게재된 나민애 문학평론가가 쓴, 김선우의 시 「소녀와 수국, 그리고 요람」이라는 시 평론의 서두다. 김선우 시인이 아흔 넘은 어머니와 마지막 헤어짐을 담담하고 뭉클하게 읊은 시도 참 좋다. 그러나 꿈보다 해석이라고, 나민애 교수가 한 평론이 더 좋아 시를 배울 겸 매주 토요일을 기다린다. 나민애의 '시가 깃든 삶'은 오래전부터 차곡차곡 스크랩해 뒀다가 가끔 꺼내 읽는다. 나는 수필로 시작한 글쓰기로 지금 세 번째 수필집을 준비하고 있지만, 시집은 한 권 낸 풋내기라 그 코너를 애독한다.

평생 해 온 사업도 병마가 찾아와 접었다. 이제 속 편하게 소원이던 책이나 실컷 읽고 놀다가 생의 마지막 다리를 건너갈까? 아니면 시간이 없어 글도 많이 못 썼으니 죽는 날까지 글이나 원껏 써 볼까? 이래 볼까 저래 볼까. 어영부영하는 중에 또 한 해가 저문다.

지난 7월에는 예상치 않게 집수리하는 바람에 억지 여행을 떠났다. 걸리는 것 없이 국내 유명 사찰로, 장맛비를 헤집고 한 보름 쏘다녔다.

칠십 생을 살기까지 입원 한 번 한 적 없이 건강했다. 날벼락 같은 췌장암 3기 선고였다. 수술 환자 85%가 2년 안에 사망할 수도 있다는 통계가 섬찟하다. 6개월 후에 내가 생존자 15% 안에 들지는 아무도 모르는 일이다. 사람 목숨은 타고난다고 믿는 편이다. 죽고 사는 일에 그리 연연하지 않고 운명에 맡기고, 모든 신께 맡기고 투병에 최선을 다하고 싶다.

두세 달 후면 일흔넷이니 아까울 나이도 아니다. 어린 자식들을 두고 떠나는 이들이 가장 안타까울 것이다. 아무런 준비 없이 맞는 죽음도 숫제 많이 봐 왔다. 다만, 고생만 하다가 살만하니 세상 뜰 뻔했다고, 애달파하는 육십년지기 남편을 혼자 두고 가기가 마뜩잖을 뿐이다. 하여 남편이 하자는 대로 매일 한 시간씩 걸으며 운동하고 더불어 남편 건강도 챙긴다.

돌이켜 보면 꿈처럼 짧은 시간이었다. 그러나 켜켜이 쌓아온 긴 세월이었다. 계묘년 새해가 엊그제 같은데 갑진년이 손 내밀며 코앞에 있다. 쫓기듯 살아온 한해 한해가 벌써 두 해째 고무줄처럼 늘어지고 있다.

물난리는 진행 중

 6월 장마가 보름 정도 별 탈 없이 지나가는가 싶었다. 웬걸 갑자기 경남 함양을 시작으로 그 열흘이 지나서는 부산에서 물난리가 났다. 물 폭탄의 시초였다. 물 폭탄을 몰고 온 장마가 부산 하동 서울 경기 충청 강원 호남을 돌아가며 쏟아붓는다.
 부산역 부근 초량 제1지하차도에 물이 차서 승용차가 잠기고, 불시에 목숨 셋을 앗아갔다. 손쓸 새도 없이 당한 날벼락이다.

오늘(2020.8.10)은 장마에 접어든 지 기상청 공식 발표로 48일째다. 내일이면 2013년 역대급 장마 기간인 49일을 꽉 채운다. 아직도 장마가 일주일이나 남았다니 여러 기록을 경신할 것은 뻔하다. 연일 내리는 비에 산비탈 노후 주택들은 지반 약화로 지탱하지 못하고 산사태에 붕괴로 이어지고 있다. 예삿일이 아니다. 쉴 틈 없이 내리는 비가 두려울 지경이다.

인명 피해도 전국에서 쉰 명에 육박한다. 이재민이 칠천 명이란다. 코로나19로 지친 심신을 성난 하늘이 다시 홍수로 혼쭐을 내는가 싶다. 끝없는 욕심을 채우기 위해 자연을 마구 파헤친 인간들에게 본때를 보여 주려 함인가. 제발 이번 일을 반면교사 삼아 난개발은 그만했으면 한다. 우리 인간도 자연과 화해하고 공생하며 더불어 살아가야 옳지 않겠나.

설상가상으로 우리나라에서 이름 지었다는 제5호 태풍 '장미'가 우리나라로 북상 중이라 한다. 중간급 태풍이라지만 빗소리만 들어도 무서울 저지대 난민들은 또 어쩌란 말인가. 작정한 듯 밤에만 비를 퍼부어 피해가 큰 것 같다. 부산에 태풍이 올 거라는 예보에 국제시장 아래층 가게들은 점심을 먹자마자 문 닫는 집이 늘어났다. 전날 속보로 내린 예보라 미처 그 사실을 모르고 문을 연 가게들일 것이다. 다행히 자정이 지나도 비만 계속 내릴 뿐 태풍의 기미는 없다.

 예쁜 이름 덕인가. 태풍 '장미'는 착하게 비만 뿌리며 부산을 지나갔다. 때아닌 태풍예보에 바다에서 육지로 힘들여 끌어올린 그 많은 배도 좀은 허탈하겠다. 엄청 덥겠다던 여름을 장마로 절반을 보냈듯이 태풍예보도 빗나갔으니 말이다. 비는 여전히 쉬다 쏟아붓기를 반복하는 중이다.

 대전 어느 아파트에는 일 층 천장 가까이 물이 찼단다. 서울 강남의 저지대 아파트 일 층에 사는 어린 외손자들이 걱정돼 며칠 밤잠을 설쳤다. 한창 뜀박질할 나이의 아이들이 실컷 뛰놀며 크라고 맨 아래층을 택했다고 해서 잘했다고 했다. 이렇게 물난리가 계속되니 층 선택이 잘되기는커녕 오히려 딸이 원망스럽다. 딸에게 문자를 보냈다. 바다에서 물놀이하는 튜브에 바람을 다 불어넣어 곁에 두고, 밤에 깨어 식구들을 지키라고 당부했다. 행여나 집에 물이 차면 구조하러 올 수 있게, 대문부터 열어놓고 몸만 피신하라고. 똑소리 나는 딸이 어련히 알아서 하련만, 엄마가 마음이 안 놓이니 잔소리를 띄워 보낸다. 경기도 전 지역과 서울 중부지방이 호우주의보 지역이기 때문이다. 온 나라가 물 폭탄에서 안전한 지역은 없는 것 같다.

　여름방학에 외가에 오려다가 발이 묶인 손자들 생각으로 일기 예보에 온 신경이 가 있다. 하던 일을 접으면 산과 강이 어우러진 산 아래 전원주택을 꿈꾸었는데 이제 그 꿈도 접었다. 산사태와 큰물이 이렇게 무서울 줄이야. 불보다 무서운 게 물이라더니 성나서 굽이치는 누런 큰물은 보기만 해도 무섭다. 요즘 티브이만 켜면 온 화면이 누런 물바다라 살 떨리는 공포가 느껴진다.

　생존에 필요한 고마운 물이 며칠 새 광란의 물로 변했다. 우리는 하루도 물 없이는 살 수 없다. 설사, 부모나 형제가 물에 빠져 희생되어도 우리는 그 물을 멀리할 수 없다. 물을 마시고 물의 덕을 보며 살아야 한다. 그러니 올해는 기우제 대신 비를 제발 그만 내려달라고 기청제祈晴祭라도 지내야 하지 않을까! 환경을 다루는 높은 양반이 대표로 나서서, 우리도 자연에 순응할 테니 인제 그만 화를 푸시라고. 그에 맞는 조건이라도 내걸고 하늘을 우러러 두 손 모아 싹싹 빌어야 할까.

　2019년 11월에 세계 153개국 11,000명의 과학자가 국제과학학술지 '바이오 사이언스'에 기후위기가 이미 진행되었다고 발표했단다. 지구온난화 해결이 없이는 심각한 비 피해가 해마다 반복될 수 있다는 우려도 나온다. 이 기록적인 폭우는 기록적인 폭염을 몰고 올 수도 있다는데, 흘려듣고 넘어갈 남의 나라 일이 아니다. 지구인들 모두가 합심하여 지혜를 모을 때다.

　세제 남용에다 많은 쓰레기를 배출해 쓰레기 몸살에 한몫한 나도 하느님께 비님에게 머리 숙여 빌어야겠다.

새해 덕담

 2024년 새해가 밝았다. 푸른 청룡의 해란다. 새 해님을 맞이하려고 아파트 앞에서 70번 버스를 탔다. 가끔 등산하던 곳인데 사람들이 좀 적게 올까 하고, 남편과 함께 봉래산으로 가는 길이다.
 부산에 해 뜨는 시간이 7시 31분이란다. 이른 시간이라 그런지 버스 배차시간이 뜸하다. 버스가 종점에 닿기 5분 전에 해

뜰 시간이 지나가고 있다. 버스에서 내려 반쯤 뛰는 걸음으로 내달아 해돋이를 관전할 장소에 닿았는데 아직 해님이 보이지 않는다. 다행이다. 오늘은 해님도 우리처럼 지각인가 보다. 십여 분 기다렸을까. 자욱이 드리운 구름을 면사포 걷어내듯 밀어내고 해님이 얼굴을 살짝 내민다. '와! 해님이다.' 모여 있던 사람들이 소리를 지른다. 우리도 함께 새해 처음으로 뜨는 해를 반기며 환호한다.

　해님에게 두 손 모아 갑진년 새해 인사를 올린다. 해님이 이 세상에 없으면, 우리 인간들 아니 이 세상 만물이 어떻게 살아가겠느냐고 해님을 칭송한다. 이어 가족들 안녕을 빈다. 내 평생에 새해 해맞이하러 오기는 올해로 세 번째다. 도매상 일을 할 때는 겨울철에 너무 바빠서 김장을 양력 설날에 하는 날이 많았다. 그러니 새해맞이는 꿈도 못 꾸었다.

　나뭇가지 사이로 보이는 해님을, 휴대폰을 들이대고 찍느라 한창 분주할 때다. 해를 중심에 두고 사진을 찍어보려고 각도를 맞추고 있는데, 남자 둘이 온 일행 중 한 사람이 다가오더니 나란히 서 보란다. 자기가 잘 찍어주겠다고 한다. "아이구, 고맙습니다." 하고 인사 하니 "인상이 좋아서 어쩐지 찍어드리고 싶다."라고 한다. 새해 아침에 처음 만난 이가 이런 기분 좋은 덕담을 해주다니! 고맙다는 인사를 거듭하는 수밖에 다른 말을 찾지 못했다. 배낭에서 바나나 두 개를 꺼내어 쥐여주고 산에서 내려올 때야 생각났다. 나는 어쩌다 그들에게 덕담 한마디 못 해주고 왔는가를.

여남은 살 아래로 보이는 그도 새해 첫날에 덕담으로 생면부지인 우리를 기쁘게 해줬거늘. 명색이 글을 쓴다는 사람이 고맙다는 말밖에 못 하고 돌아와서는 후회하는가. 참으로 자신이 한심하고 답답하다.

남편은 인물도 체격도 상급이지만, 턱수염을 기른 인상이 조금 무섭다. 나도 피부가 곱다는 소릴 듣지만, 주름투성이인 쪼끄만 할망구다. 일 년 반 전에 암 수술한 후로 팍삭 늙은 것 같다. 인지력이 더 떨어져, 뭐든지 한참 생각한 후에야 아차 싶다. 이런 우리에게 오늘 그이가 한 말은 분명 기분 좋아지는 덕담이다. 아침에 집을 나설 때 남편과 티격태격한 기분이 싹 달아났으니까.

새벽에 일어나 목욕재계하고 남편을 깨웠다. 남편은 아침 먹고 가면 안 되겠냐고 억지 늦장에다 핑계를 댔다. 꼭 떠오르는 해를 봐야만 되냐며 택시를 타자는 내 의견에 버스를 고집한 그였다. 구름 덕이 아니었으면 순식간에 떠오르는, 새해 처음 뜨는 해를 놓칠 뻔했다. 이런 내 마음을 읽은 듯 해님을 가렸던 구름도, 마치 지각생의 겸연쩍어하는 마음을 위로하듯 웃으며 나타났던 해님도, 새해 덕담해 주던 그 사람들도 다 고맙다. 영도구에서 30여 해 사는 동안 첫 해맞이는 태종대공원에서, 두 번째는 해양대학교 해맞이 명소에서 했으니 영도에서만 세 번 해맞이한 셈이다.

 내 몸이 더 건강해지면 좀 멀더라도 유명한 해맞이 장소로 미리 찾아가고 싶다. 정갈한 마음으로 그곳 해님도 만나보고, 만나는 이들에게 부러 말 붙여서라도 새해 덕담을 꼭 해주고 돌아오고 싶다. 새해가 되면 생각나는 시 한 수가 있다. 전신마비 구족화가이기도 한 이상열 시인의 '새해 소망'이라는 글귀다.

 "새해에는 더도 말고 덜도 말고 손가락 하나만 움직이게 하소서"

 이 얼마나 소박하고 간절한 소원인가!

생일에 활짝 핀 영산홍

영산홍이 우리 집 베란다로 이사 온 지도 몇 해. 집 부근 시장 꽃집에서 참새가 방앗간 못 지나치듯 기웃거리다 작은 나무에 앙증맞게 꽃봉오리 몇 개가 얹힌 걸 보고 귀여워 달랑 들고 왔다. 이제 막 꽃봉오리가 맺힌 상태고, 철쭉과 잎이 비슷해 꽃이 피기 전엔 철쭉인 줄 알았다.

영산홍은 첫해만 작은 꽃 몇 송이를 피우곤 삼 년째 감감무소식이었다. 물을 일주일만 주지 않아도 잎이 시들해져 3~4일에 한 번씩 물을 주는 꽃 종류로 분류해 물만 잘 주었다. 몇 년 지나니 제법 몸통도 키웠다. 혼자서 겨우 옮길 정도지만 사 올 때 그대로라 몸집에 비하면 화분도 작다. 거름을 자주 주지 않아 해거리했는지도 모른다. 거름을 일 년에 고작 한 번씩만 주었으니까. 봄에 화분 손질이 끝나면 농장에서 가져온 거름을 화분 흙이 넘칠까 봐 조금씩 주고는 끝이었다. 작년 늦가을에는 알맹이로 된 거름을 사다가 꽃마다 듬뿍 주긴 했다.

  몸에 맞는 옷도 안 입혀주고 영양분도 제대로 안 주면서 꽃만 바랐으니, 얌체가 따로 없다. 여느 날처럼 따뜻한 햇볕이 잘 드는 베란다 화분에 물을 주려고 할 때다. 영산홍 꽃봉오리가 가지 끝마다 봉긋봉긋 탐스럽게 올라앉았지 뭔가. 깜짝 놀라 남편을 불러냈다. 요것 좀 보라고. 물을 자주 달라더니 물값을 톡톡히 한다고. 가게를 정리하고 나니 집에 머무는 시간이 많아 꽃밭에 눈길이 자주 간 덕이지 싶다. 그렇게 또 며칠이 지났다. 물을 주러 영산홍 쪽으로 갔다가 감탄사가 터졌다. 빨갛게 큰 꽃송이 수십 개가 만발해 베란다가 꽃밭이 되었다. 절반 남은 봉오리를 다 터트리기 전에 더 넓은 명당 자리로 옮겼다.

오늘은 양력 2월 23일, 음력으론 2월 4일, 내가 일흔셋이 되는 생일날이다. 아침에 커튼을 걷고 베란다 문부터 연다. 꽃밭이 환하다. 집안이 다 환하다. 생일을 안다는 듯 큰 꽃송이를 팡팡 터트려 축하한다. 세어 보니 60개는 되겠다. 원래 4~5월에 핀다는 꽃이다. 탄성이 절로 나온다. 어지간한 꽃을 보아도 예쁘다고 말하지 않는, 물 한 번 주지 않던 남편도 감격한 표정이다. 얼마나 예뻤으면 남편도, 요걸 나라꽃으로 해야 했는데 한다.

영산홍은 세종 때 일본에서 화분 몇 개를 선물해 우리나라에 들어왔다고 알고 있다. 그러니 아무리 예뻐도 나라꽃으로 정할 순 없지 않았을까. 반만 피어 몸을 크게 불리기 전에 화분을 마루에서 잘 보이는 정면으로 옮기길 잘했다. 식탁에서도 잘 보여 운동 나가는 시간을 제외하고는 종일 꽃을 볼 수 있다.

컴퓨터도 마루로 옮겨와 꽃을 보며 글을 쓴다. 꽃이 지기 전에 눈에 실컷 담으려고 눈이 붉게 물들도록 보고 또 본다. 혼을 다 쏟아 피워 올린 저 꽃송이들! 짙붉은 생명체인 꽃을 보며 행복하다. 생명의 경이로움에 감동하고 위로받는다.

정훈희의 노래 '꽃밭에서' 중 '고운 빛은 어디에서 왔을까' 하는 노랫말이 좋아 꽃을 바라보며 흥얼거린다. 가수 양희은이 처음 부른 '인생의 선물'은 연속으로 나오게 전화기에 저장해 두고 생각날 때마다 듣는다. '봄 산에 피는 꽃이 그리도 고울 줄이야, 나이가 들기 전엔 정말로 몰랐네.'로 시작하는 노래는 가사도 좋지만, 곡도 좋다. 오죽 맘에 와닿았으면 내 장례식장에 들려달라고 남편에게 부탁까지 했을까.

화사하게 핀 영산홍이 한 열흘 피었다가 순간에 진대도 그 꽃 진 자리는 또 내년 망울을 기약할 것이다. 그와 달리 앞으로의 내 생은 언제 북망산 너머로 향할지 기약이 없다. 하루하루 신께 의지하고, 신이 허락하는 날까지 생을 유지하는 불확실한 미래, 인간은 누구나 불확실한 미래를 그때그때 헤쳐 나간다고 해도 나는 지금 하루하루가 아득하다.

5년 생존율을 운운하는 수술을 했다. 참 허망하다. 고심참담한다고 종언을 막을 수는 없는 일일 것이다. 하니, 꽃을 하염없이 바라보는 내 마음도 망연하다. 앞으로 나는 누구와 무엇을 기약할 수 있을까! 무슨 희망으로 남은 삶을 마무리할까. 꽃만 멍하니 바라보며 앉았다. 이런 나에게 꽃무리가 화사하게 웃으며, 힘내란다. 괜찮다고, 괜찮을 거라고. 나도 빙긋이 화답한다.

　젊은 가족들이 아프면 어쩌겠는가. 그건 더 가슴 아픈 일이다. 차라리 살 만큼 산 내가 몹쓸 병에 걸린 게 얼마나 천만다행이냐는 생각에 이르면, 우울한 기분에서 금방 헤어난다. 친구들 말마따나 붉디붉은 꽃이 내 병환에 위로를, 내 생일을 축하하려고 달 반이나 서둘러 피어 우리 집에 찾아온 건가.

　내 생일을 잊지 않고 챙기는 친구 부부가 이번에도 생일 이틀 전에 찾아와 축하했다. 자식들도 멀리에 있고 바빠서 못 온단다. 못나고 구부러진 소나무가 선산을 지킨다더니 잘난 우리 딸들은 부모 생일에 돈만 보내온다. 맛있는 것 사 먹으라고. 내게도 돈은 많다고 속으로 구시렁댄다. 남편은 내 속도 모르고 한술 더 뜬다. "우리가 참기름병 쏟아놓고 낱 깨 줍는 꼴이라."고. 전에는 자식들이 먼 길 온다고 해도 극구 말렸다. 난치 암 선고받고 앞으로 생일을 몇 번이나 더 맞을 수 있을까. 마음이 싱숭생숭하다. 이런 날은 자식보다 내 곁에 있는 영산홍꽃이 더 기특하다.

　영산홍 원산지는 일본이다. 우리 집 영산홍은 다홍빛이 감도는 빨간색으로 꽃 화관은 넓은 깔때기 모양으로 갈라지고 앞면

위쪽에 짙은 홍자색 반점이 새색시 연지처럼 예쁘다. 흠을 잡자면 향기가 전혀 없다는 점이다. 그 점 역시 진달래과 식물의 특징이라든가. 베란다 햇볕이 생체에 딱 맞는지 달 반이나 일찍 핀 꽃. 둘이 보기엔 아까워 꽃구경 하라고 사진으로 찍어 여기저기로 보낸다.

영산홍을 지나치게 좋아한 임금이 연산군이었다. 얼마나 예뻤으면 후원에 영산홍 1만 그루를 심으라고 명했을까? 연산군이 좋아한 꽃이라 연산홍이라고도 부른단다. '조선 16대 왕 인조도 영산홍을 무척 좋아해서 정사를 돌보는 데 소홀할까 봐, 중신들이 궁 안에 있는 이 꽃나무를 다 베어냈다.'라고 전한다. 설마 싶지만, 인조반정으로 된 임금이니 그럴 수도 있었겠다.

영산홍이 이렇듯 예쁘니 詩에서도 이 꽃을 찬양한 글 몇 편을 봤다. 배창환의 시였던가. '돌 그늘엔 영산홍 울음 점점이 흩어지니', 이런 글귀만 무디어져 가는 머리에 겨우 남아 있을 뿐이다. 참 예쁜 꽃인데도 내가 기억하는 詩에서는 지은이가 꽃을 서럽게 바라보며 쓸쓸하게 읊은 몇 소절만 떠오른다.

영산홍을 꽃이 닳도록, 눈이 빠지도록, 어쩌면 꽃과 내가 서로 취해 바라보길 열흘쯤. 엊그제부터 몇 송이씩 꽃이 지고, 늦게 핀 꽃송이는 아직도 꽃 색이 한창이다. 3월 중순까지는 내 눈과 마음을 호강시켜 줄 것 같다. 나도 꽃과 약속했다. 꽃 지고 나면 외관도 말끔히 단장해 넓고 예쁜 집으로 이사해 주겠다고. 이리 예쁘게 피어 웃음꽃 머금게 한 보상이라고.

하필 장마 시작되고

 새 아파트에 입주해 서른 해 살다 보니 집안 곳곳이 엉망진창이다. 이사할지 집수리할지 망설일 때, 재개발 플래카드가 나붙어 수리를 미뤄 왔다. 그런 차에 이웃 집도 전체 수리가 아닌 일부 수리를 한다기에 우리도 당장 불편한 곳만 수리하기로 했다.
 수리한 집에 구경 갔다가 다른 데는 알아보지도 않고 그 업자에게 일을 맡겨 버렸다. 보름간 집을 비워 달라고 했다. 대형 비닐봉지를 묶음 채 사다가 물건들을 싹 집어넣어 수리하지 않는 공간 곳곳에 쌓아두었다. 공사를 시작하는 날은 하필 장마가 시작된다는 날이다. 집을 비워줘야 해서 부부가 아침부터 대구로 떠났다.

대학 선배이자 지인인 여행작가로부터 부산에서 두세 시간 정도 거리로 적당한 여행지를 추천받아 메모해 뒀다. 첫 여행지는 대구 옻골마을이다. 마을에 들어서자 바로 백불고택 경주 최씨 종가로 갔다. 1630년에 지었다는 백불고택을 찾으니, 커다란 느티나무와 회화나무가 반기며 동네 안쪽으로 쑥 들어가 보란다. 숲으로 둘러싸인 골짜기 안에 경주최씨 종가인 백불암 고택을 중심으로 스무 가구 정도 일가가 모여 산단다.

백불암 가문이 효종의 사부와 순조 세자 사부의 집안이라는 걸 이번에 알았다. 대한민국 임시정부 시절 독립자금을 댄 가문이라는 것도. 마을을 쉬엄쉬엄 두어 바퀴 쭉 돌아보고는 동네 안 식당에서 산채비빔밥을 먹었다. 비는 오다 말다가 하는데 분위기가 고즈넉하다. 숙소를 알아보니 하룻밤 민박비가 서울 가락시장 부근 호텔보다 배나 비싸다. 한옥 숙박이라 그런가 보다 여긴다.

　마을을 나와 운곡서원으로 간다. 운곡서원은 안동권씨 시조인 고려 공신 태사 권행과 조선시대 참판 권산해, 군수 권덕린을 배향하기 위하여 건립한 서원이다. 순조 때 지은 유연정과 그 앞 거목 은행나무가 아름답게 어우러진다.

　정갈한 서원을 찾아서, 또는 심적으로 푸근해지는 경치를 보려는 사람들 발길이 끊이지 않는다. 노란 단풍이 나무를 물들일 때 꼭 다시 보러 오고 싶은 풍경이다. 오락가락하는 비 덕인지, 안개가 산허리까지 내려왔다. 산도 나무도 안개와 어우러진 초여름 운치 속을 유유자적 거닐고만 싶다. 잠시 머물다 돌아 나오는 발길이 못내 아쉽다.

　미련을 접고 대구 김광석 거리로 향한다. 김광석은 그리 좋아하는 가수는 아니다. 지인이 알려준 대로 돌아보고 일정을 소화하는 중이라 들렀다. 남편은 노래를 좋아해서 걷는 중에도 음악을 녹음해서 이어폰으로 듣는다. 거기에 김광석 노래는 없다. 정통 트로트만 좋아한다. 차는 김광석 공영주차장에 주차하고, 계산성당에 가려고 택시를 탔다. 이 빗속에 여행을 왔다니까 택시 기사는 팔공산자연공원에 꼭 가보라고 추천한다.

그러면서 김광석은 대구에 아무런 기여도 한 게 없는데 이렇게 넓은 공간을 한 가수에게 제공한 데 대해 대구시민들 불만이 많단다. "가수가 젊었을 때 갔으니 형편이 닿지 않아 할 게 없었겠지요."라고, 기사 불만에 변명하듯 답했다. 유명 배우나 가수나 문인이나 사후에도 고향에서 대우받으려면, 터전인 고향을 소홀히 하면 안 되겠다고 생각하며 계산성당 앞에서 내렸다.

나는 불교도다. 큰딸이 가톨릭신자라 성당에도 정감이 간다. 딸이 둘 다 가톨릭 유치원을 나왔기에 성당도 전혀 이질감 없이 친밀하게 다가온다. 1898년에 한옥식 계산성당을 완공했으나 1901년에 화재로 소실하여 현재 성당은 이후 신축했다. 명동성당, 전동성당과 함께 아름다운 3대 성당으로 꼽는다. 뾰족하게 솟은 첨탑이 주교좌계산대성당에 걸맞게 웅장하고 멋스럽다. 닫힌 성전 문을 열고 들어갈 용기는 나지 않아 바깥 건물만 둘러본다. 혼인성사 장소로도 인기가 많다고 한다.

성당 안마당 소규모 공원에는 이름 있는 인사들 사진과 내력이 명함처럼 붙어 있다. 눈에 띈 건 박정희 대통령 결혼사진(1950년)이다. 당시 주례를 맡은 허억 대구시장은 '신랑 육영수

군과 신부 박정희 양'이라고 말해 하객이 폭소를 터뜨렸다는 에 피소드도 적혀 있다. 잠시 들렀지만 지난 역사 한 페이지를 읽고 간다. 여행하는 묘미다.

성당을 나와 길 건너편 청라언덕으로 가는 계단을 오른다. 청라언덕 정상엔 계산성당의 역사가 기록된 푯말과 함께 초창기 신부님들이 거주한 듯, 사택인 듯한 건물이 있다. 바로 길 건너엔 큰 교회가 마주 본다. 남편은 고개를 갸웃거린다. "다 성모의 아들인데 마주 보고 있으면 좋지요." 두 종교에 대해 지식이 부족하니 마땅히 할 말이 없어 그냥 해본 소리다.

장마 첫날인데 오후부터는 비가 쉬지 않고 세차게 내린다. 아까 택시 기사 말을 따라 팔공산 드라이브길로 들어섰다. 끝나지 않을 것처럼 내리는, 비 오는 숲속 길 운치에 감성이 촉촉이 젖는다.

이런 날 나무와 풀이 내뿜는 향기는 여행에 덤이다. 종일 내리는 비 때문인가. 인적도 드물다. 예정에 없던 팔공산 숲길이라, 예정지였던 다른 두어 곳은 건너뛰기로 한다. 여행길 안내서를 보내준 선배는 『뿌리 깊은 한국의 전통마을 32』를 출간한 작가다. 그가 추천한 장소가 나는 다 좋아할 곳들인데 남편 입맛엔 좀 지루할 것 같아서다.

　경주로 가는 길에 포항에다 숙소를 정했다. 남편도 종일 돌아다녔으니 피곤한가 보다. 호텔이든 모텔이든 먼저 보이는 곳에 들어 하룻밤 쉬어가잔다. 가는 길에 바닷가 식당에 들러 회로 저녁을 때우고 바다가 보이는 모텔에서 하룻밤을 보낸다. 포항에 왔으니 죽도시장도 뺄 수 없다. 홍게로 아침을 간단히 먹고 경주로 출발한다.

　교촌마을 최부잣집 종가부터 들른다. 최씨 가문의 고택이 종가를 중심으로 마을을 이루었다. 신 한옥들이 주위에 들어서서 조화 이루며 경주다운 한옥마을 정취를 풍긴다. 노블레스 오블리주의 실천으로 이름난 경주 최부자댁이 있는 교촌마을은 고려 시대에는 향학으로, 조선 시대엔 향교가 자리해서 교촌교동 마을이라고 한단다. 최 부잣집에서 9대에 걸쳐 진사를 배출하고, 12대가 만석을 이어오며 어려운 백성을 보살피고 항일 운동했다고 기록돼 있다. 비가 오는 날에도 개의치 않고 후세의 발길이 이어지는 건, 그들 정신을 기리고 본받고자 함이 아니겠는가. 외국인도 더러 보이니 자긍심이 인다.

　인근 대릉원엔 미추왕릉, 황남대총 등 23기의 고분이 밀집

해 있다. 비가 주춤해지니 더위에 금세 축 늘어지는 남편 불평이 는다. 대릉원을 쉬엄쉬엄 훑어보고 나오자니 볼 걸 못 보고 나오는 기분이다. 냉면으로 기운 차리고 감은사지로 가는 도중에 남편이 운전 중에 깜빡 졸았다. 점심 식사 후에 낮잠을 자는 습관 때문이지 싶다. 감은사지 삼층석탑을 참배하러 가는 길이니, 부처님의 가피가 있었을 터다. 다행히 오가는 차가 없어 사고는 면했다.

남편에게 차에서 눈 좀 붙이라고 이르고 혼자 절터로 올라갔다. 마침, 한 가족을 대상으로 안내원이 감은사지 유래를 설명하고 있다. 나도 뒤쪽에 꼽사리로 끼어 지식이 옅어가는 역사를 겉핥기식이나마 귀동냥했다.

경주는 사방이 역사 관광지며 볼거리가 널렸다. 경주에서 하루 자기로 하고, 거기에서 가까운 감포해수욕장으로 가잔다. 내 뜻대로 그를 끌다시피 하고 다니다가, 그가 하자는 대로 따르니 속 편하다. 해수욕장을 빙 돌아 호텔에 숙박을 문의하더니 비싸다며 그냥 나온다. 집으로 가잔다. 나도 쓸데없는 낭비는 싫어한다. 이런 점은 부부가 천생 닮았다. 여행도 여행이지만 낭비는 질색이다. 굳이 그것이 낭비랄 것도 없지만 말이다.

집 내부 공사하느라, 이삿짐 보따리 싸듯이 버릴 건 버려가며 꼬박 3일간 짐을 쌌다. 안방 변기에 물이 새고, 방마다 천장이 처지고, 부엌도 엉망이었다. 베란다 천장에서 수성 페인트 가루가 계속 떨어져도 공사를 하지 않겠다고 남편은 고집부렸다. 귀찮은 일은 내가 다 하겠다고 하고야 겨우 설득해 공사하는 중이다.

무거운 짐은 남자가 옮겨야 하니 남편도 피곤할 것이다. 더는 나다니지 못하겠다며 집 근처 모텔에 짐을 풀었다. 공사 중인 집에도 한 번씩 가봐야 하고, 일꾼들에게 간식도 사주고 해야 공사를 잘한다며 핑계 댄다. 내일도 비가 많이 온다니 차라리 그게 낫겠다. 나도 슬쩍 동의하고 모텔에 짐을 푼다.

대구 포항 경주를 거쳐 다시 원점으로 회귀했다. 한 이틀 푹 쉬고 다시 어디로든 떠나자고 맘을 맞춘다.

글, 글쓰기

 문학에 뜻을 두게 된 계기가 언제부터였을까? 묻는 사람이 없어서 대답을 못 한 것뿐이지, 뇌리엔 낙인처럼 저장된 장면이 있다. 지천명도 중반에 든 어느 해, 늦깎이로 들어간 고등학교 전교 백일장에서 대상을 받고부터다. 그전에도 동아대학교 사회교육원 산문 창작반을 수료하고, 모 신문사의 문학 강좌를 수료하기도 했다. 그런데 아무리 독서가 취미이고 글쓰기를 좋아한다고 해도, 처한 현실에 따라 삶을 영위해야 하는 애로가 따른다.

 딸 둘을 서울의 명문대로 진학시키고, 늦은 나이에 우리 부부가 함께 야간 실업고등학교에 들어갔다. 주간부는 교복 입은 애들이 여섯 반을 차지했다. 야간부엔 배우는 때를 놓친 젊은 아이들 몇, 나머지는 이십 대에서 오십 대까지 공부에 한이 맺힌 이들이 모여 한 반을 겨우 채웠다. 첫 성인반 1회 모집이었다. 홍보가 덜 되었던지 인원이 사십 명이 안 됐다. 하지만 그런 기회를 엿보고만 있던 이들답게 배우겠다는 열기만은 교실을 꽉 채웠다.

 1학년 때 백일장에 써낸 작품이 대상이라기에 깜짝 놀랐다. 몇이 뽑혀서 나간 것도 아니고 학교 학생 전체가 참여했다. 우리 반엔 나와 동갑인 여자 동기가 세 명 있었다. 공부도 나보다 더 잘했다. 그들은 전업주부라 낮엔 컴퓨터와 영어도 따로 배우러 다니는 것 같았다. 야간학교는 졸업장만 따러 왔을 뿐, 실력은 웬만한 고등학교를 졸업한 이보다 나아 보였다. 남학생들도 젊은 애들이 오히려 실력이 처졌다. 사오십 대는 고등학교 중퇴도 더러 있어 공부도 잘했고, 한문도 곧잘 읽어냈다. 처음엔 주눅이 들었다. 여유 있는 그들과 다르게 나는 바쁜 도매상 일에 묶여 있어 등교할 때 한 시간 반씩 지각하고, 숙제도 제대로 못 해간 꼴통이었으니까.

39명인 우리 반에서 10등 안에만 들자는 게 목표였다. 첫 시험엔 남편과 내가 사이좋게 6~7등을 했다. 매일 시간 잘 맞춰 등교한 남편이 한 등수라도 앞서는 게 바라던 바다. 가게 간판인 나는 단골 지각생으로 다녔기에 성적엔 연연하지 않기로 마음먹었다.

첫 시험에서 얻은 성적에 마음을 놓아서일까. 그 이후론 부부가 10등 안팎을 맴돌면서 한 번도 남편을 앞서 보지 못하고 졸업했다. 일부러 져 준 건 아니지만 그게 마음이 편했다. 가게 일은 내가 훨씬 잘하니 그걸로도 충분했다. 성적은, 제시간에 등교하는 그가 앞서는 게 그의 자존심을 지켜주는 일이기도 했다.

공부에 한이 맺혀 입학했으니, 졸업만 하자고 맘먹은 것도 틀린 말은 아니다. 그런데 큰 상을 받고 보니 생각을 달리하게 됐다. 다른 과목은 다 어려워 헤매면서도 국어 시간은 즐겁다는 것, 국어까지 재미가 없다면 학교생활이 참 지겨웠을 것이다.

여태 남의 글만 읽었는데 나도 한 번 써 볼까 하는 생각이 그때 확실히 들어선 것같다. 덕분에 고등학교에 갈 때는 생각지도 못했던, 한국방송통신대학교 국어국문학과에 남편 반대를 무릅쓰고 들어갔다.

입학보다 졸업이 더 어렵다는 데가 방송대 국문과 4년제다. 가게 대목 철인 겨울마다 한 과목씩 두 과목이 과락이 나 한 학기 더 공부하고야 졸업했다. 대학교에 막상 입학했지만, 중간고사 기말고사 등의 공부가 간단치가 않았다. 출석 수업에 참석하고, 여러 공식 행사에도 가끔 얼굴 내밀어야 했다. 힘든 중에도 동기들을 만나는 즐거움도 따랐다. 입학할 때 120여 명이던 우리 기수가 고작 20명도 제때 졸업을 못 했으니 나 자신이 암만 생각해도 뿌듯하다.

아이러니하게도 국어국문학과는 글쓰기에는 큰 도움이 안 됐다는 게 솔직한 생각이다. 내 책을 세 권 내고, 네 권째 준비하는 지금, 책을 낼 때마다 국어국문학과가 내 이력에 한몫 한 건 사실이다. 글 쓰는데 별 도움이 안 된 것 또한 사실이다. 좀 더 젊었던 그 시절, 사 년 반을 차라리 글을 쓰는 데 매진했더라면 하는 생각이 부쩍 드는 요즘이다.

글을 쓰려면 창작 실기를 학습하는 문예창작과에 가야 한다는 걸 늦게 깨쳤다. 이젠 공부를 하고 싶어도 머리에 안 들어올 나이, 어디 가까운 데 그런 과가 있는 대학이 있다는 정보도 듣지 못했다. 남편이 또 하라고 할 리도 만무하다. 해서 더 알아보지 않고 아예 포기했다. 세 번째 책을 출간한 후론, 닥치는 대로 밤낮으로 눈이 아프도록 책만 보고 글을 눈에 넣고 산다. 치매 예방에도 좋다니 그걸로 위로 삼는다.

일 년쯤 지나면 국제시장에서 내 가게를 개업한 지 50주년이다. 결혼 50주년이기도 해서 그때 폐업 잔치를 하고 일을 접을까 생각 중이었다. 폐업 잔치하는 가게는 못 봤지만, 다른 이들보다 모든 게 잘 풀렸으므로 맛있는 음식 준비해서 이웃들과 나누며 웃으면서 헤어지고 싶었다.

국제시장에서 도매상 직원으로 5년, 여기 덕성사 한자리에서 49년. 합치면 54년이란 생을 국제시장에서 다 보낸 셈이다. 그 많은 세월 속에 어찌 좋은 일만 있었으랴. 이십여 년 전, 우리 공구에 냉난방 시설이 없을 때다. 남편이 봉사직으로 조합장 일을 8년가량 하면서 공구를 위해 냉난방 장치를 넣으려고 했다. 그때 몇몇 회원이 반대해서 스트레스를 받았다. 그 와중에 회원들은 자기들끼리 뭉치기도 해 공구 조합장은 계속 남편에게로 돌아왔다.

  남편은 바깥일로 바쁘고, 나는 나대로 스트레스를 받는 일이 많았다. 가게 단골들은 어쩌다 우리 가게에 구색이 빠진 게 있으면 시장 타 도매상으로 간다. 타 도매상에서는 덕성사 단골이다 싶으면 자기네 고객으로 삼으려고 공장에서 정해준 이윤을 후려쳐서 파는 일이 종종 생겼다. 그런 일로 스트레스를 크게 받았다. 그래도 오랜 세월 그들과 얼굴 붉히는 일 없이 잘 지내왔다. 솔직하고 직선적인 내 성격이 그들과 부딪히지 않고 지혜롭게 살아낸 건 독서의 힘이고 글을 써 온 덕이 아닌가 싶어진다.

  건강상 이유로 폐업 잔치까지 못 하고 가게를 접은 건 큰 아쉬움이다. 병마와 고군분투하는 중이지만 소박한 마지막 꿈도 있다. 가게에 매달려 맘껏 펼쳐보지 못한 작은 소망은 글쓰기에 힘껏 매진해 보는 것이다.

국제신문 / 박현주의 그곳에서 만난 책
- 정희선 작가의 수필집 『국제시장』

박현주(책 칼럼니스트)

국제시장은 필자가 처음 본 '어마어마하게 큰 시장'이었다. 경남 김해에서 살다가 중학교에 입학하면서 부산에서 살게 됐는데, 집에서도 학교에서도 국제시장은 멀지 않았다. 대신동의 학교에서는 하굣길에 보수동을 지나 구경하러 갔고, 휴일에는 초장동 언덕의 집에서 부평동을 지나 놀러 다녔다. 걸어서 시장까지 가는 동안 늘 두근거렸다. 활기찬 목소리로 어깨를 부딪치며 걷는 사람들, 가게마다 빼곡하게 들어찬 물건, 볼거리 먹을거리가 풍성한 시장은 신기하고 재미있었다. 이후 자라면서 어떤 화려한 백화점이나 쇼핑센터를 봐도 국제시장을 처음

봤던 만큼 감흥을 느끼지는 못했다. 필자에게는 일종의 문화적 충격이었던 셈이다.

국제시장의 세월이 70여 년에 이른다. 부산은 물론이고 전국적으로 이름을 떨치던 시장이다. 그곳에서 50여 년 동안 장사를 한 정희선 씨가 수필집 '국제시장'을 냈다. 표지에 '굳세게 살아온 시장 사람들의 이야기이자 반백 년 남짓 살아낸 나의 이야기'라는 부제가 놓여 있다.

부산 중구 국제시장 3공구 B동 2층 덕성상회에서 만난 정희선 작가. 그는 남편과 함께 이 가게를 운영하고 있다.

정희선 / 수필과비평사 / 2021

어떤 글을 담은 책인지 부제가 다 말해주는 듯하다. 정희선 수필가를 국제시장에서 만났다.

■ 국제신문이 안내한 문학의 길

한파를 주의하라는 생활안전 문자를 받은 날, 국제시장으로 향했다. 추워서인지, 코로나19 탓인지, 세월의 변화 때문인지 예전만큼 사람이 많지 않았다. 그래도 길가의 가게마다 '돌아가는 길에 사 가야지' 하는 생각이 절로 들 만큼 값싸고 좋은 물건이 즐비했다. 물건 구경에 빠져 가게를 연신 기웃거렸다.

국제시장 3공구 B동 계단 앞에서 정희선 씨가 환한 웃음으로 아는 체를 하지 않았다면 내처 걸어갔을 것이다. 그의 가게는 2층에 있다. 지난 세월 동안 얼마나 많은 사람들이 이 계단을 올랐을까. 계단에 올라서자 화려하고 따뜻한 세상이 펼쳐진다. 정희선 씨는 스카프, 머플러, 숄, 손수건, 부채 등을 판매하는 도매업을 하고 있다. 겨울철이라 가게에는 머플러와 숄이 가득 진열돼 있다. 밖은 찬바람이 불고 있었지만, 안에는 꽃이 활짝 핀 것 같다. 예쁘고 포근한 꽃. 보기만 해도 몸이 따뜻해지는 기분이다.

정희선 씨는 1951년 경남 고성에서 태어났다. 열일곱 살 때 국제시장 메리야스 도매상 점원으로 일하면서 부산 사람으로 살아왔다. 첫 자취방이었던 대청동 된비알의 작은 다락방에 살면서 아랫동네까지 내려가 긴 줄을 서서 기다렸다가 물동이를 이고 물을 길어 먹었다. 낮에는 일하고 밤에는 공부했다. 어린 나이에 힘들었겠다고 말했더니 "시골에서 부모님 도와 일하던 것에 비하면 힘들지 않았다."라는 담담한 대답이 돌아왔다.

결혼하고, 가게를 내고, 장사를 하면서 아이들을 키우는 동안에도 배움의 갈망을 잊어버린 적은 없었다. 가게에 손님이 뜸할 때마다 책을 읽었던 그가 문학을 정식으로 접한 것은 국제신문 덕이었다. "2004년에 국제신문에 '영도다리, 주민 입장 생각을'이라는 글을 투고 했는데 오피니언 면에 실렸어요. 신문을 본 남편이 제가 문학 공부하는 걸 인정해 줬어요."
 2005년 초여름, 국제신문에서 연 문학 강좌를 들었다. "마침 여름 비수기로 접어들고 있어서 운 좋게 강좌를 들으러 다닐 수 있었지요. 강좌에 참여한 사람들과 만나면서 시인과 친구도 되고, 그 친구 안내로 동인 활동도 하고요. 동인들이 저도 몰래 제 글을 '지구문학'에 응모하면서 수필 부문 신인상을 받고 등단했어요."

한국방송통신대학교 부산지역대학 국어국문학과 '낟가리 작품상', 현대문학사조에서 시로 시인상과 수필로 문학작품 우수상도 받았다. 장사를 하면서 틈틈이 책을 읽고, 글을 쓰면서 자신의 문학 세계를 하나하나 쌓아 올렸다. 2015년에 수필집 '국향과 어머니'를 내고 2021년에 시집 '몽돌'과 수필집 '국제시장'을 냈다. "올해 책을 두 권이나 낸 건, 코로나19 영향입니다. 매상이 10분의 1로 떨어질 정도로 고객의 발길이 뜸해진 건 애가 타지만, 글 쓸 시간이 많아졌던 겁니다." 코로나의 역설이다.

■ 장사하고, 책 읽고, 글 쓰고

수필집 '국제시장'에는 부산에 와서 정들이며 살았던 지난 세월, 시장에서 일하면서 보고 겪은 일, 고향과 가족에 대한 마음, 늘 주변을 돌아보는 불심과 시선 등을 잔잔하게 풀어냈다. 우리의 일상은 사소하다. 오늘을 사는 동안 어제의 일은 어느새 기억 저편으로 밀려나면서 점차 잊힌다. 하지만 글로 기록하는 순간 그 일상은 빛나고, 그 속의 자신을 되돌아보며 마음

그릇은 더 커진다. 수필 한 편 한 편을 읽는 동안 정희선 씨의 따뜻하고 넓은 마음이 그가 팔고 있는 머플러처럼 포근하게 와 닿았다.

책 속의 '국제대학 동기들'에서는 시장 사람들이 나누는 정을 보았다. 국제시장에서 일하면서 앞 가게, 옆 가게, 그 옆 가게 도매상의 점원으로 만나 평생 친구가 된 동기들 이야기다. 정희선 씨는 한술 더 뜬다. 그는 이렇게 썼다. "국제종합전문대학 경영과 출신이라고. 우리가 배운 과목은 사회와 바로 접목되는 정직·근면·인내·친절·계산 등이며, 어느 대학에서도 내놓고 가르치지 않는 종합과목을 이수했다고. 그것도 취직하기 어려운 도매상에서 4, 5년씩 고생해 돈 벌며 현실 공부를 치열하게 한 덕에 모두가 잘살고 있다고."

정희선 씨는 가게 앞에서 사진을 찍을 때 수필집 '국제시장' 표지로 만든 액자를 들었다. 얼핏 책 표지가 아니라 국제시장 홍보 액자처럼 보이기도 했다. "만약 제가 문학을 하지 않았다면 평생 장사만 하다가 가지 않겠어요? 살아가는 이야기, 마음에 고인 많은 이야기를 글로 쓰는 것은 가장 큰 기쁨이에요."

그의 말을 생각하며 다시 거리로 나섰다. 이 시장 곳곳에 박힌 이야기가 얼마나 많을지 새삼 깨닫는다. 정희선 씨에게는 국제시장이 글밭일지도 모른다.

- 박현주의 그곳에서 만난 책 〈121〉, 2021-12-26 | 국제신문 18면